O PARQUE DOS LOBOS

A MEDICINA PRIVADA DO DINHEIRO LIMITANDO A PRÁTICA DA SAÚDE PÚBLICA

CARO(A) LEITOR(A),
Queremos saber sua opinião sobre nossos livros.
Após a leitura, curta-nos no **facebook.com/editoragentebr**,
siga-nos no Twitter **@EditoraGente** e no Instagram **@editoragente**
e visite-nos no site **www.editoragente.com.br**.
Cadastre-se e contribua com sugestões, críticas ou elogios.

HENRIQUE PRATA
Presidente da maior rede de atendimento oncológico
da América Latina

O PARQUE DOS LOBOS

A MEDICINA PRIVADA DO DINHEIRO LIMITANDO
A PRÁTICA DA SAÚDE PÚBLICA

Diretora
Rosely Boschini

Gerente Editorial Sênior
Rosângela de Araujo Pinheiro Barbosa

Editora Pleno
Juliana Rodrigues de Queiroz

Produção Gráfica
Fábio Esteves

Capa, Projeto Gráfico e Diagramação
Plinio Ricca

Revisão
Lilian Queiroz | 2 estúdio gráfico

Imagens de capa e miolo
Arquivos de imagens do Hospital de Câncer de Barretos

Impressão
Gráfica Rettec

Copyright © 2023 by Henrique Prata
Todos os direitos desta edição são reservados à Editora Gente.
Rua Natingui, 379 – Sumarezinho
São Paulo, SP – CEP 05443-000
Telefone: (11) 3670-2500
Site: www.editoragente.com.br
E-mail: gente@editoragente.com.br

Dados Internacionais de Catalogação na Publicação (CIP)
Angélica Ilacqua CRB-8/7057

Prata, Henrique
  O parque dos lobos : a medicina privada do dinheiro limitando a prática da saúde pública no Brasil / Henrique Prata. - São Paulo : Editora Gente, 2023.
  192 p.

ISBN 978-65-5544-322-6

1. Saúde pública – Brasil 2. Políticas públicas – Saúde – Brasil I. Título

23-2774

CDD 362.10981

Índice para catálogo sistemático:
1. Saúde pública - Brasil

Nota da publisher

Falar de Henrique Prata é falar de um homem verdadeiramente dedicado e comprometido com uma causa, que é a sua missão de vida. Como presidente do Hospital de Amor, ele é um gestor nato, alguém com uma visão estratégica e um coração generoso, que abraça, todos os dias, a nobre tarefa de ajudar milhares de pessoas com câncer, proporcionando-lhes atendimento gratuito, humanizado e de alta qualidade.

Ao abordar as dificuldades enfrentadas pelos pacientes com câncer, ele expõe fatos que revelam a realidade do sistema público de saúde como ele realmente é.

Apesar da natureza desafiadora de sua missão, Henrique acredita que, ao compartilhar relatos, testemunhos e evidências, as pessoas poderão se conscientizar sobre o que pode ser feito como sociedade para transformar a situação da saúde pública brasileira. Ele busca criar uma corrente do bem, capaz de superar os obstáculos que dificultam o acesso a um sistema de saúde de qualidade.

Com uma sensibilidade excepcional, Henrique busca tocar o coração dos leitores ao compartilhar suas experiências diárias e sua busca por uma conexão mais profunda com o divino. Comprometido, ele luta incansavelmente contra as injustiças presentes no sistema de saúde voltado para os menos favorecidos, desempenhando seu trabalho com amor e abnegação.

Por ser um relato de amor e de coragem, recomendo fortemente a leitura deste livro a todos os que desejam uma sociedade mais justa e humana.

Boa leitura!

Rosely Boschini
CEO e Publisher da Editora Gente

"Muitos se ufanam: Não devo nada a ninguém!
Engano, devemos muito a todos."

Cora Coralina

*Ao meu pai, que realmente
vivenciou o ensinamento do Cristo, de
amor ao próximo, e ao doente, que, na sua
vulnerabilidade, foi o objeto desse amor.*

*Ao amigo José Luiz Cutrale (in memoriam),
o maior exemplo, em nossos 61 anos de
existência, da infinitude do amor.*

Prefácio

Com muita alegria e muita honra, aceitei o convite de Henrique Prata para escrever o Prefácio deste livro. Li duas vezes. Estou muito emocionado. Existem três realidades que me tocaram profundamente na leitura.

Primeiro de tudo, a pessoa do autor. É um homem valente e corajoso, que possui a convicção forte de que um leigo pode salvar vidas! Toda a sua vida é dedicada a ajudar os enfermos pobres com dignidade e igualdade, como todos os outros. Os hospitais que ele dirige são exemplos para o mundo. São modernos, eficientes e exemplo de humanização. O próprio Henrique Prata, com entusiasmo, firmeza e toda energia leva para frente essa instituição, que não conheço outra semelhante. Tive a possibilidade de visitar o Hospital de Amor em Barretos e fiquei encantado. Conhecendo-o pessoalmente em muitos momentos importantes da minha vida, vi que era um homem de Deus. Um santo dos nossos tempos. Vale a pena ler este livro para conhecer essa pessoa.

A segunda realidade que me impressionou demais na leitura desta obra foi a coragem, a clareza e a franqueza com que ele demonstra a todos nós a desigualdade gritante existente em nossa sociedade. A existência de uma medicina que explora os pacientes mesmo em condição de vulnerabilidade, sem qualquer sensibilidade para a dor e o sofrimento do próximo. Com determinação, ele revela os nomes daqueles que, também no ambiente político, são comprometidos com o dinheiro, com o poder e não têm escrúpulos de deixar o pobre morrer nas filas dos hospitais. Não conheço outra pessoa que, com tanta dureza, lucidez e destemor mostra a todos nós os "podres" que existem na medicina e na política deste país. Ao mesmo tempo, ele não perde a esperança. Ao contrário, demonstra onde estão os heróis da medicina e da política que dão sua vida para o próximo. Que fazem da sua profissão como médicos e políticos a sua vocação como doação de vida para os outros. Que não medem esforços e estão sempre dispostos a atender quem necessita. É bonito ver a transparência e a luminosidade com que ele apresenta os dois lados da medicina e da política no Brasil.

A terceira questão, que igualmente me impressionou muito neste livro, é que ele não para no negativo. Ele demonstra um futuro cheio de esperança, que acredita no homem que pode fazer o bem. Quase provoca no leitor o desejo de também salvar vidas e a vontade de se doar. Em todos os momentos mais difíceis que ele viveu, sempre teve uma referência profunda em Deus como a Providência que nunca faltou em sua vida. Este livro que chega em suas mãos foi escrito pelo autor na caminhada de tantos quilômetros a pé em direção a Santiago de Compostela, em meio ao esforço muitas vezes cansativo e doloroso de superação, e nos demonstra que, com Deus, podemos vencer todos os obstáculos. A fé de Henrique Prata é um exemplo para todos nós.

Terminada a leitura, veio o desejo de, mais uma vez, ler os dois outros livros que ele escreveu. Dentro de mim, nasceu a vontade de dar este livro para uma multidão de pessoas, enfim, se fosse possível, para todos, a fim de que pudesse nascer em cada homem e em cada mulher que o lesse a esperança e a vontade de fazer a diferença. Humanizar a Medicina. Deus abençoe a cada leitor e dê a coragem de seguir o exemplo de Henrique Prata. Paz e Bem.

Frei Hans Stapel Ofm
Fundador da Fazenda da Esperança

"É um homem valente e corajoso, que possui a convicção forte de que um leigo pode salvar vidas! Toda a sua vida é dedicada a ajudar os enfermos pobres com dignidade e igualdade, como todos os outros. Os hospitais que ele dirige são exemplos para o mundo."

Apresentação

> **"Uma pessoa é única quando estende a mão, mas, ao recolhê-la, torna-se mais uma. O egoísmo unifica os insignificantes."**
>
> *W. Shakespeare*

Com este livro, espero tocar profundamente o coração dos meus leitores ao narrar minha vivência cotidiana e minha busca constante por uma comunhão com Deus.

Nos últimos trinta e três anos, tenho sido capacitado por Ele, atuando como gestor na área de saúde. Em meus dois livros anteriores, *Acima de tudo o Amor* e *A Providência*, vimos como tudo foi feito pela misericórdia divina, especialmente porque não tenho formação acadêmica ou estudos na área da saúde. Posso afirmar também que minha história de vida não é única, pois conheço muitas obras que têm a mesma essência e os mesmos valores diante de Deus.

Enxergar as pessoas por meio do olhar de Deus é a melhor forma de buscar o sucesso em nossa obra. E Ele nos ensina que somos todos irmãos, independentemente do contexto ou da situação em que nos encontramos... somos todos iguais.

Se a obra é realizada com esse cuidado profundo de amor, ela cresce e se sustenta pela própria intimidade com Deus. Sua misericórdia é infinita e igual para todos os seus filhos, pois Ele é pai de todos nós.

E como filho, sinto que posso agradá-lo ainda mais, lutando sem me acovardar contra a injustiça no sistema de saúde dos pobres. Isso ficará claro neste livro.

"Enxergar as pessoas por meio do olhar de Deus é a melhor forma de buscar o sucesso em nossa obra. E Ele nos ensina que somos todos irmãos, independentemente do contexto ou da situação em que nos encontramos... somos todos iguais."

Sumário

Introdução 20

Capítulo 1

Um olhar sobre o sistema e uma
exceção de homem público 24

Capítulo 2

Como nasceu o conceito do lobo vestido
de cordeiro? 30

Capítulo 3

Porto Velho, Rondônia............................ 38

Capítulo 4

São José do Rio Preto, São Paulo 58

Capítulo 5

A Santa Casa de Barretos 66

Capítulo 6

Equipe 80

Capítulo 7

Bebedouro, São Paulo 92

Capítulo 8

Palmas, Tocantins.................................. 96

Capítulo 9

Araguaína, Tocantins 110

Capítulo 10

Aracaju, Sergipe 118

Capítulo 11

Governos estaduais................................ 134

Capítulo 12

Governo federal......................................140

Capítulo 13

Hospitais filantrópicos 148

Capítulo 14

Homens de fé e de amor 158

Conclusão 180

Introdução

Ahistória que vou contar neste novo livro tem a virtude de denunciar, esclarecer e convocar uma corrente de pessoas de boa vontade com o objetivo de enfrentar os entraves que dificultam a existência de uma saúde pública de qualidade no Brasil.

Nunca imaginei que essa luta fosse tão cruel e tão difícil. Os relatos que farei, com testemunhos e provas – e não poderia ser de outra forma – vão nos deixar mais conscientes do que podemos fazer como sociedade para mudar a tragédia da saúde pública no país, que, em última instância, é a diferença entre a vida e a morte de tantas pessoas.

Com certeza, fui muito feliz ao escrever meu primeiro livro, quando fiz o Caminho de Santiago de Compostela pela primeira vez, há dez anos. Não tenho dúvida de que fui inspirado pelo Espírito Santo ao vivenciar momentos de introspecção e lembranças, o que me possibilitou relatar, de forma clara, a história do meu pai, da minha família e a minha própria para que as pessoas entendessem uma obra que perdura e é vitoriosa há sessenta anos, mesmo com tantos obstáculos e um déficit monstruoso de recursos. O Hospital de Amor é uma obra que certamente é uma missão, e muitos dos que conheceram sua história foram tocados por ela e motivados a agir com o mesmo objetivo, e por isso me sinto realizado. Tantas pessoas leigas, como eu, entenderam que mesmo sem serem médicos, também poderiam salvar vidas.

A história tem que ser contada sob o ponto de vista da fé de uma família que vive essa experiência há mais de cem anos. Tive a oportunidade de contar no meu segundo livro que minha bisavó acolhia os pacientes em sua própria casa, e foi assim que tudo começou. Em seguida, ela construiu uma Santa Casa em Lagarto, no interior de Sergipe, inaugurada em 1919. Como leiga, ela teve a mesma atitude que tenho hoje, que é buscar recursos na sociedade incansavelmente, para dar atendimento de qualidade ao maior número possível de doentes desassistidos. Um auxílio aos pobres, para que não estejam à mercê de um sistema falho, falido, desonesto, que é o serviço público de saúde do país. Nunca houve justiça no atendimento de saúde, tanto que ninguém dos três poderes do estado brasileiro utiliza o sistema público. Todos têm seguro saúde, convênio médico e outros benefícios, restando aos pobres serviços de má qualidade e tornando irrisórios os recursos para se fazer um bom trabalho em qualquer serviço de saúde de média ou alta complexidade.

Sendo assim, o primeiro livro foi uma inspiração do Espírito Santo, que clareou minha memória e meus sentimentos na caminhada a pé de quinhentos quilômetros de Burgos até Santiago. Sem dúvida, o livro foi um sucesso, pois vendeu mais de duzentas e sessenta mil cópias e nos permitiu dar início à construção de um hospital em Porto Velho, Rondônia. Empresários que o leram e o leem vêm aportando mais de cinquenta milhões há dez anos em favor das instalações de UTI, do centro cirúrgico, da quimioterapia, da radioterapia e do ambulatório. A parte inicial desse projeto nasceu de pessoas que leram o livro sem conhecerem a unidade do Hospital de Amor em Barretos, São Paulo, a unidade de Jales, também em São Paulo e sem me conhecerem; por isso, estou motivado a escrever mais um livro.

"O Hospital de Amor é uma obra que certamente é uma missão, e muitos dos que conheceram sua história foram tocados por ela e motivados a agir com o mesmo objetivo, e por isso me sinto realizado."

Capítulo 1

Um olhar sobre o sistema e uma exceção de homem público

E ste livro tem um tom de denúncia, de inconformismo com os valores invertidos que percebo tanto na política quanto na medicina. Logicamente, preciso excluir os homens de bem da política e da saúde pública e privada que, infelizmente, não são muitos. Os mais poderosos são os que o poder do dinheiro alimenta e aqueles cujos interesses políticos e financeiros são seus únicos objetivos. E isso eu enxergo há mais de trinta anos no Ministério da Saúde. Por incrível que pareça, por mais que homens bons tenham passado por lá, as atitudes sempre foram orientadas prioritariamente pelo viés político.

A única exceção que eu faço nessa história e ao longo desses anos é a do ministro José Serra, que fez uma gestão técnica e eficiente tanto no Ministério da Saúde como no Senado. Ele proporcionou ao país uma das maiores justiças sociais, priorizando leis que facilitassem a utilização de recursos na saúde pública com a segurança da responsabilidade fiscal. Leis que obrigavam municípios, estados e a União a honrarem o prazo de 30 dias após o faturamento para quitarem dívidas e que não permitiam que se adiasse o orçamento de um ano para o outro.

Foi uma solução óbvia, justa e que, inacreditavelmente, demorou a ser implementada. Meu pai, dono de hospital, por exemplo, foi à falência quando a inflação disparou (20%, 30%, 40%, passando de 50% ao mês) já que, sem a lei de responsabilidade fiscal, toda a situação ficou insustentável. Além disso, era necessário esperar meses para receber o faturamento, e quando o dinheiro chegava, não cobria nem o valor de um dia de juros. Era um terror, um desastre e quem corrigiu isso foi José Serra.

Como ministro da saúde, ele procurou estabelecer justiça social. Alguns remédios para o tratamento de câncer, por exemplo, não possuíam regulação e poderiam ser adulterados, contendo apenas parte dos componentes necessários. Então, ele criou a Anvisa e, a partir daí, os remédios passaram a ter valores justos e qualidade insuspeita.

José Serra foi o mentor da Lei de Incentivo aos genéricos, e isso barateou muito os remédios. Ele ainda quebrou o protocolo de tratamento do HIV, o que foi uma revolução no tratamento dessa doença no Brasil.

Bem, se eu fosse falar de José Serra, talvez ficasse enumerando suas virtudes, mas resumo simplesmente ressaltando sua honestidade e eficiência na saúde pública. Na época em que ele foi ministro, já tínhamos prevenção, tratamento, ensino, pesquisa e reabilitação para o câncer. No entanto, foi ele que estabeleceu a obrigatoriedade de que todos os serviços tivessem um médico presencial e de especialidade, além de uma política de preços que permitisse pagar as contas e ter remédios adequados — itens básicos e sempre negados. Foi um tempo maravilhoso na vida dos pacientes que utilizavam o serviço público.

Quando assumiu o governo de São Paulo, num momento importante para a saúde pública, ele determinou que o estado cobrisse 75% do valor que a União colocava na saúde de alta complexidade; criou mais Santas Casas em sessenta dias de governo, liberou uma delas para Barretos, por constatar que tínhamos um déficit maior do que uma dezena de serviços de câncer no estado de São Paulo, e também porque sempre praticamos uma medicina honesta e de excelência, independentemente de valores.

Quando se estabeleceu isso, criaram-se as condições para que o estado também fornecesse esse direito. Até então, o estado nunca havia colocado dinheiro na saúde pública de alta complexidade porque investia apenas em gestão e serviços próprios mal administrados. Quando foram criados os Ambulatórios Médicos de Especialidades (AMEs), centros de média complexidade, a situação melhorou, mas não foi suficiente, porque o estado não administra mais do que 40% do serviço público. José Serra nos facultou esse direito e tivemos um auge nesse momento.

Embora houvesse problemas em alguns hospitais que agiam incorretamente, ele era o único que fazia justiça. Já se passaram muitos anos desde que José Serra saiu e os valores pagos continuam os mesmos no estado de São Paulo e no Brasil.

Passados vinte anos, os valores dos procedimentos da tabela do Sistema Único de Saúde (SUS) continuam os mesmos. Alguns procedimentos tiveram 20 ou 30% de correção, mas a maioria está congelada há anos e estamos sofrendo hoje um dos momentos mais trágicos da saúde pública. O governo federal está pagando 21% do porcentual que Serra pagava quando era ministro. Então, não há justiça. Ninguém tem força para conseguir essa enormidade de dinheiro que falta para a maioria das Santas Casas e dos serviços de alta complexidade.

Aquele foi o único momento em que tivemos valores honestos, compatíveis e com direitos iguais para todos. Fora isso, nada mais foi verdadeiro. Não existe mais verdade no que prometem ou fazem, tanto no ministério quanto nas secretarias de saúde, e chegamos, por isso, ao fundo do poço.

A situação já era trágica quando assumi a Santa Casa de Barretos há cinco anos, mas hoje está ainda pior. Tenho denunciado e lutado, mas vivemos uma experiência inacreditável, com enormes problemas, talvez insolúveis, que ninguém enxerga ou finge não enxergar. Difícil acreditar que seja verdade o que afirmo, mas tenho provas e vou mostrá-las neste livro, incluindo as mudanças que fiz na Santa Casa de Misericórdia de Barretos, que testemunham o que estou falando e deixam patente a queda de mortalidade em razão de algumas atitudes.

Tenho certeza de que, nesse tempo em que assumi, em torno de 25% das pessoas que morreram na Santa Casa de Misericórdia de Barretos tiveram a chance de viver. Estou falando de mais de duzentos pacientes, e isso aconteceu por termos obedecido às regras determinadas por um médico presencial e de especialidade e por adotarmos medicamentos que a instituição não tinha antes por estar endividada, falida.

Além disso, a máfia da medicina que dominava a Santa Casa a deixava ociosa, com vagas disponíveis para pacientes dos médicos que cobravam no consultório, e os passavam, sem agendamento, na frente dos que já estavam agendados via serviço público. Os médicos, por sua vez, ganhavam muito pouco. O valor de uma cesárea era de 120 reais, sendo impossível trabalhar com um valor tão irrisório.

"Este livro tem um tom de denúncia, de inconformismo com os valores invertidos que percebo tanto na política quanto na medicina."

Capítulo 2

Como nasceu o conceito do lobo vestido de cordeiro

A medicina que almejo e busco praticar enfrenta imensos obstáculos, que ficarão mais explícitos neste terceiro livro, que expõe os fatos do serviço público como são na realidade e a dificuldade dos governantes de confrontar esse sistema.

Vou ter muito o que contar daqui para frente, falarei de muitos acontecimentos, como o da Santa Casa de Barretos, que mostrei anteriormente e que vão expor de forma contundente a medicina do dinheiro, que domina e encarece absurdamente o valor dos serviços de saúde pública do país.

O meu desabafo é porque vivo essa situação cotidianamente, mas a angústia de ver que o tempo passa e nada muda é minha, é um sentimento que carrego comigo, por mais que eu tenha feito e faça!

Na verdade, constato que, em todas as profissões e em toda a sociedade, há sempre um lobo vestido de cordeiro à espreita. Eu mesmo, quando mais novo, em várias circunstâncias dos meus negócios, vesti-me de cordeiro quando era um lobo, por ambição ou mesmo por uma cultura ou educação que valoriza tais condutas. Há, porém, o fato de que você, um dia, reconheça que talvez tenha se excedido ao se vestir de cordeiro quando, na verdade, era um lobo avançando sobre o que queria conquistar, enganando outras pessoas e sendo o que, mais tarde, poderia se arrepender de ser.

Muitos dos que são lobos talvez não quisessem se olhar no espelho e descobrir que a ambição e o afã de preservar conquistas o levaram a pensar apenas em si e a vender dificuldades para conseguir facilidades, prejudicando os mais fracos.

Diante das dificuldades, os pobres são os primeiros que dispõem do que têm, como bicicleta, carro e casa, por exemplo, para sanar questões de saúde. Eles não têm orientação de advogados nem de ninguém, sendo os mais prejudicados. E isso, na medicina, me fere muito.

E por isso, por toda a minha vivência, só consigo me sentir em paz porque faço minha parte, luto contra os problemas e os enfrento. Mesmo assim, sofro, porque vejo que não sou capaz de gerir mais de um hospital, e apesar de salvar tantos pacientes, ainda perdemos muitos.

Administro praticamente toda a cadeia da saúde pública de Barretos — faço a gestão do câncer, da saúde de alta e média complexidade, dos AMEs e da saúde básica, atendendo milhares de pacientes por dia. Com toda a minha experiência de gestão, posso expor com conhecimento como agem os lobos vestidos de cordeiros.

O Espírito Santo foi muito atencioso comigo no primeiro livro, e espero que ele continue me iluminando para que eu relate os fatos com clareza, honestidade e, assim, talvez possamos unir forças numa ação conjunta da sociedade com políticos para uma nova consciência, que nos leve mais longe no caminho da justiça social. Eu ainda tenho esperança, não sei se ingenuamente.

Por mais que faça a minha parte, sei que ainda é pouco, e mesmo com esse volume enorme de atendimentos, carrego a angústia de não fazer mais para sanar tanto sofrimento. Continuo, porém, com o embate monstruoso contra esse sistema. O livro é muito forte e vai demonstrar como as coisas são malignas e a que ponto podem chegar.

Há aproximadamente vinte anos, ao iniciar o projeto das unidades móveis para prevenção, nosso objetivo era ir até as periferias das cidades em busca de mulheres que não tivessem acesso ao conhecimento para saber a importância da prevenção do câncer do colo de útero e de mama.

Essas unidades móveis nasceram em Barretos, sede do Hospital de Amor e, por isso, o primeiro programa de rastreamento na prevenção de câncer foi muito bem-feito.

"E por isso, por toda a minha vivência, só consigo me sentir em paz porque faço minha parte, luto contra os problemas e os enfrento. Mesmo assim, sofro, porque vejo que não sou capaz de gerir mais de um hospital, e apesar de salvar tantos pacientes, ainda perdemos muitos."

No início, tínhamos somente um desses programas, e com apenas uma bicicleta para atendermos toda a população de baixa renda, conseguimos 95% de adesão! A enfermeira responsável pelo programa, Creuza Saure, ia de bicicleta com uma maca dobrável acoplada à garupa, de casa em casa ou nos centros comunitários, fazendo a coleta para o Papanicolau, exame preventivo de câncer de útero. Por esse trabalho muito bem-feito, a enfermeira ganhou o prêmio "Mulher do Ano", da Unicef. E esse projeto móvel evoluiu para as carretas.

Enfermeira Creusa Saure, pronta para fazer exames preventivos de câncer com sua bicicleta.

Creusa Saure visitando uma família para realizar exames.

O programa era ancorado no respeito que o Hospital de Amor despertava na cidade. Quando tentamos sair de Barretos e levar esse programa para outras cidades — como Fernandópolis, região de São José do Rio Preto, que nos enviava muitos pacientes com câncer avançado de mama e de colo de útero e para quem seria essencial a prevenção —, percebemos o desinteresse. Em grandes centros, como São José do Rio Preto e Araçatuba, não conseguíamos permissão das secretarias de saúde do município para atuar. Nesse momento, comecei a entender que havia uma reserva de mercado; a medicina privada já havia investido dinheiro em consultórios e clínicas, dominava por força da classe médica e era um enorme obstáculo.

O doutor Raphael Haikel Junior, responsável pelas unidades móveis do Hospital de Amor, confirmou ser impossível chegar aos grandes centros, já que não conseguia o aval das secretarias de saúde locais. Nos pequenos municípios, porém, o projeto era muito bem-vindo, por ser de graça, de qualidade e só existir nas unidades privadas de prevenção.

Ao conseguirmos, finalmente, entrar com um projeto de prevenção em Fernandópolis, os índices de câncer de mama em estágio avançado, que estavam acima de 75%, caíram exponencialmente após cinco anos de atuação das unidades móveis, e hoje estão em torno de 1%. O projeto, portanto, foi me entusiasmando demais; a prevenção do câncer, além de muito menos onerosa, é a esperança de cura. Desde o primeiro embrião até hoje, a população de baixa renda de Barretos, nosso público-alvo, não apresenta mais câncer de mama e de colo de útero em estágio avançado. O projeto foi um êxito absoluto!

E como tínhamos muitos lugares para ir, não quis confrontar quem não nos queria. Foi a primeira vez que minha percepção detectou os problemas e os interesses existentes que não permitiam às unidades móveis entrarem nos grandes centros, mesmo com a garantia de que nosso foco seria apenas a periferia do município.

Até então, eu não tinha tanta consciência da realidade para sentir o tamanho da força dos lobos vestidos de cordeiros. Não permitiam levar algo de bom para o serviço público porque lhes tiraria os pacientes que, em função da ineficiência do serviço público, eram naturalmente deles.

Geralmente, na medicina do dinheiro, há médicos bem-sucedidos que se envolvem politicamente com prefeitos, e eles se tornam secretários de saúde dos municípios para evitar a concorrência do serviço público de qualidade.

Comecei a perceber, de forma clara, a existência de um bando de lobos vestidos de cordeiro, que se fazem de defensores da medicina pública quando, na verdade, a intenção sempre foi defender a medicina privada.

Nunca me ativera a tais fatos, até acontecerem coisas ainda mais graves e absurdas, que definiram o conceito de "lobo vestido de cordeiro".

Carreta da prevenção levando o diagnóstico precoce para população da região amazônica, nos estados de Amazônia e Pará.

"Comecei a perceber, de forma clara, a existência de um bando de lobos vestidos de cordeiro, que se fazem de defensores da medicina pública quando, na verdade, a intenção sempre foi defender a medicina privada."

Capítulo 3

Porto Velho, Rondônia

Agora, permito-me entrar no mérito do primeiro aconteci-mento que despertou minha vontade absoluta de denunciar a concepção de saúde pública no país.

A história da criação da filial do Hospital de Amor fora de São Paulo, em Porto Velho, Rondônia, iniciou-se há exatamente dez anos. Nessa época, eu fazia o Caminho de Santiago de Compostela pela primeira vez, e recebi um prêmio de um milhão de dólares da Avon como Campeão Mundial de Avanço na Área Médica do Combate ao Câncer de Mama. Queria, então, que esse dinheiro favorecesse as regiões que, mesmo enviando um número enorme de pacientes a Barretos, eram as que menos nos encaminhavam pacientes com erros médicos ou com câncer em estágios avançados. Comecei a distribuir equipamentos para prevenção a tais regiões. A região de Porto Velho entrou no meu radar como destino natural para essa filial, pois aproximadamente 90% dos casos de câncer migravam de lá para Barretos. Fui visitar as insta-lações e deparamos com um verdadeiro caos. Em quartos que comportavam apenas duas camas, havia mais de cinco; onde deveria haver quatro camas, havia nove. Banheiros e as demais instalações estavam podres, situação que já foi descrita muito bem no meu primeiro livro, *Acima de Tudo o Amor*. Fiquei extremamente indignado e fui falar com o governador.

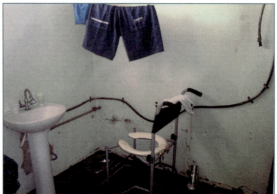

As três fotos mostram a situação das instalações do Hospital de Base, em Porto Velho, antes da reforma feita pelo Hospital de Amor para atender os pacientes com câncer do estado.

"A região de Porto Velho entrou no meu radar como destino natural para essa filial, pois aproximadamente 90% dos casos de câncer migravam de lá para Barretos. Fui visitar as instalações e deparamos com um verdadeiro caos."

"É urgente mudar isso! Aqui não há condições de funcionamento! O senhor assumiu agora, mas a situação está mais do que precária. Temos dados dos pacientes oncológicos dessa região: de cada dez, seis são reoperados em Barretos. Há apenas um cirurgião oncológico e os demais são cirurgiões clínicos. Há uma situação deplorável de descaso nas instalações, com muita sujeira e suas consequências previsíveis".

O governador perguntou qual era a minha intenção, e respondi prontamente que gostaria de reformar o local. Usaria metade do dinheiro do pessoal que já ajudava o Hospital de Amor e pedi que ele custeasse a outra metade. Esse foi o acordo que fizemos há 10 anos.

Começamos a obra pensando que a intenção do governador, que havia apoiado a ideia, era fazer o bem para aquelas pessoas que tinham de sair de tão longe para se tratar em Barretos naquela época. Pensei que nos acolheriam de braços abertos... surpreendentemente, porém, não foi o que aconteceu.

Com 10 meses, a reforma estava praticamente pronta e tínhamos tudo novo, incluindo uma nova sala cirúrgica, com melhorias dos quartos, leitos e banheiros. Refizemos tudo em uma área de dois mil metros quadrados. Não conseguíamos, porém, a liberação do CNPJ, que é o mínimo necessário para autorizar uma empresa a prestar determinado serviço. E aí começa essa história que até hoje não terminou, e que dura dez anos.

Após aproximadamente doze meses de reforma, pausei minha vida para fazer o Caminho de Santiago de Compostela e preparar meu primeiro livro. Escolhi me concentrar nas memórias familiares, na minha história, na história do meu pai e no porquê das nossas ações no âmbito da saúde. Pedi, então, que não me ligassem e respeitassem meu tempo.

No entanto, já estava a caminho — seriam quinhentos quilômetros a pé —, quando meu celular tocou, evidenciando que devia ser algo muito sério. Atendi, e o doutor Jean, hoje gestor do Hospital de Amor da Amazônia e que na época me ajudandava com a reforma, comunicou, consternado, que tínhamos gasto dinheiro em vão. A promotora negara o direito de, registrar um CNPJe abrir uma filial de nosso hospital em Rondônia, mesmo depois de termos reformado as instalações com os nossos recursos. O motivo era a existência de uma unidade de saúde que fazia o mesmo que queríamos fazer.

Era tão absurdo que acreditei não passar de um equívoco e pedi ao doutor Jean o telefone da promotora para tentar esclarecer o provável mal-entendido. Afinal, tudo deveria ser um entrave burocrático. Difícil foi perceber os interesses que a moviam e que o poder da medicina privada era muito maior do que eu supunha. Ela não era médica, mas fora influenciada por médicos e pelo sistema privado que, claramente, não queria concorrência na prevenção e no tratamento.

Este foi o teor da nossa conversa ao telefone:

"Doutora, a senhora não autorizou o credenciamento para abrirmos uma filial no estado?"

Ela argumentou dizendo que negara porque, como já existia uma instituição similar na mesma área, não era necessário outra. Continuei questionando se ela tinha noção do estado da infraestrutura do hospital, da carência das instalações antigas, que não ofereciam as mínimas condições para atender com dignidade os pacientes e também sobre as coisas erradas que havia presenciado em relação aos médicos que trabalhavam lá. Por fim, perguntei se ela já tinha visitado o local, e evidentemente ela não gostou da pergunta, e acrescentei:

"Doutora, há uma coisa que você não está entendendo. A senhora tem a lei e tem a caneta, porém, essa obra é de Deus e tem força acima de tudo. Não temos sua autoridade, mas temos uma obra que leva em conta a dignidade, o amor e o cuidado aos mais pobres. E vou conseguir, tenha certeza! A senhora não está acima de Deus".

Usei esses termos de tão bravo que fiquei ao receber a notícia de que ela havia negado o CNPJ durante minha ausência, enquanto eu fazia o Caminho de Santiago de Compostela.

Passaram-se dois meses, ela saiu de férias e surgiu, então, uma oportunidade ímpar. O bispo aposentado de Porto Velho, Dom Moacir Grechi, saiu em meu auxílio ao se encontrar com um promotor de muita fé, explicando--lhe a situação, e fazendo-o sentir o tamanho do problema caso nos fosse negado o CNPJ. E foi assim que finalmente conseguimos.

Essa história é importante para atestar que há dez anos a força por trás da medicina privada agiu para nos impedir de entrar naquele estado. Alegamos que 90% dos pacientes oncológicos do estadode Rondônia eram enviados a Barretos, sobrecarregando o serviço e, mesmo assim, não conseguíamos o apoio para prestar esse serviço nesse estado.

A história de Porto Velho é uma das mais tristes que vivenciei nesses anos. Todos os relatos são muito dolorosos e difíceis. As pessoas podem até achar que exagero, mas vou tentar ser o mais honesto possível, transmitindo e colocando no papel a dor que sinto, e isso talvez me alivie e me conforte.

Quero ressaltar que existe uma medicina privada do bem, como também há a medicina pública do mal. Porém, a medicina privada do dinheiro manda, prevalece, é extremamente poderosa, está acima de tudo — dos políticos, dos poderes — e impôs enormes entraves para a efetivação da filial há três mil quilômetros de Barretos.

A equipe médica do Hospital de Amor de Barretos também foi contra minha vontade de ir para Porto Velho. Os médicos, com bons argumentos, achavam que eu não precisava me deslocar a essa distância. No entanto, sentia a dor dos pacientes oncológicos que tinham de se dirigir de Porto Velho a Barretos, desciam em cidades vizinhas, pegavam ônibus, não encontravam alojamentos, enfrentavam filas, enfim, um caos para a vida de cada um. Eu sentia mais do que todo mundo e queria que os médicos e as pessoas sentissem também. Sabia que a providência nunca me desamparava, que essa obra era de Deus e que não faltariam médicos para cumprir a missão de levar o Hospital de Amor aos pacientes, não o contrário. Cheguei, porém, a duvidar em função da enorme distância e das pancadas que estava levando:

"Meu Deus do céu, meu coração está errado? Sinto essa vontade absoluta, sem ego ou vaidade, de ajudar pessoas doentes, fragilizadas e com dor, que se distanciam milhares de quilômetros de suas famílias para buscar esperança e tratamento..."

Deus sabia que isso era a mais pura verdade e eu sentia que Ele estava conosco nessa hora, por mais que tudo estivesse dando errado.

A história de Porto Velho é complexa e preciso contá-la, porque em todos os lugares há lobos vestidos de cordeiro, que não concordam com nossa chegada e se desesperam quando isso acontece; fazem tudo para inibir nossa entrada nos municípios, nos estados, seja onde for.

O incrível é que, além de termos vencido essa primeira batalha, com a ajuda do bispo em Rondônia, também conseguimos que seis empresários do Amazonas nos ajudassem na causa de salvar vidas. Eles leram meu primeiro livro e sentiram-se tocados. Não conheciam nenhuma unidade do Hospital de Amor, mas se solidarizaram porque tinham a convicção de que, como leigos, também poderiam salvar vidas.

Com a ajuda deles erguemos, em Porto Velho, em 2017, o que é hoje o Hospital de Amor — Amazônia, que atende a mais de mil pessoas por dia e soma quarenta e quatro mil prontuários de pacientes tratados. Quando o inauguramos, iniciamos com vinte e um mil pacientes oncológicos, que vêm se multiplicando ano a ano, sem dinheiro do governo municipal, estadual ou federal para contribuir com as obras do projeto e fazer dele virtuoso.

Assim que inauguramos o Barretinho (apelido dado carinhosamente à unidade de Porto Velho), surgiram empresários oferecendo dinheiro para construirmos um centro de referência por lá. Achei que fosse encantar os políticos e o estado, mas por incrível que pareça, não foi o que aconteceu. Quando decidimos fazer a primeira reforma, o direito de ter um contrato com o SUS para receber auxílio foi sistematicamente negado. O hospital já estava apto a atender pacientes, o projeto estava funcionando e, mesmo assim, ficamos seis anos sem o credenciamento. Antes de conseguir, briguei muito, mas por um tempo não tive êxito e o entrave vinha da medicina privada; eles detinham o poder desde o início e nada mudou até os dias atuais.

Em Porto Velho, o poder da medicina privada manteve a prerrogativa de utilizar tratamentos proibidos há mais de dez anos no mundo todo, como a bomba de cobalto para radioterapia, que pode queimar os órgãos em volta do tumor e isso é um crime.

Eu já tinha perdido as esperanças, porque não tínhamos apoio do estado e nem do Ministério da Saúde, e então veio a misericórdia e a bondade de Deus. Ele interferiu para que o próprio presidente da república sentisse minha dor e a dos pacientes, e, ao dar uma "canetada" de cima para baixo, quebrasse as barreiras e a burocracia, os entraves que tínhamos no caminho. Essa intervenção veio da benção de Deus e do presidente Michel Temer, que teve a sensibilidade, naquele curto tempo de governo, de enxergar o mal que estávamos vivenciando por falta dos recursos da tabela SUS.

Inicialmente, o estado nos fornecia dois milhões de reais, e o projeto já estava custando quatro milhões; os custos iam aumentando exponencialmente e continuávamos com os dois milhões iniciais do tesouro do estado até finalmente conseguirmos o credenciamento.

Essa história é muito dura porque esse esquema nos afetou desde o primeiro momento e hoje, mesmo com o credenciamento, as primeiras favorecidas são as clínicas de serviços parciais, que não se comparam aos tratamentos e aparelhos de última geração com radioterapia de precisão que temos. Em nenhum estado da Amazônia há os equipamentos de Porto Velho, mas eles preferem beneficiar as clínicas que tratam os pacientes com "bombas de cobalto", e quando as vagas dessas clínicas são preenchidas, encaminham os pacientes para o Hospital de Amor.

É muito difícil aceitar o encaminhamento desonesto e falho que a secretaria do estado vem realizando há dez anos. Mesmo com a troca dos governadores, eles não mandam na secretaria de saúde, e quem continua no controle é a medicina privada.

Até hoje, quem encaminha os pacientes são as clínicas particulares. Isso acontece porque existe uma médica concursada na secretaria de saúde que também é médica das clínicas, e isso gera caos porque erram absurdamente no tratamento dos pacientes, estão defasadas e não se comparam ao nosso serviço. O pior disso tudo é que tiram a chance de o paciente oncológico ser tratado por um centro de referência em vez de uma clínica atrasada como a maioria dos serviços que concorrem conosco no estado de Rondônia.

Esse é um dos aspectos mais dolorosos da interferência do poder dos lobos vestidos de cordeiros, que há dez anos continuam no comando absoluto, fazendo o que lhes interessa, sem se importar com o paciente que, por ser desprovido de recursos, não teria direito ao melhor. Qual o tamanho da força por trás disso tudo, que ninguém consegue mudar? É uma interferência tão prejudicial que não consigo entender ou aceitar. Já lutei muito e não vou desistir; as coisas, porém, não mudam. Como eles ditam as regras, decidem para onde encaminhar o paciente.

É uma das histórias mais tristes que carrego, porque não há nada parecido na Amazônia com a qualidade do nosso serviço e com a nossa filosofia de fazer o melhor; mesmo assim, somos tratados dessa maneira, somos excluídos. Se, para nós, a maior dificuldade é o aspecto financeiro, para o paciente, no entanto, pode ser a diferença entre a vida e a morte e, para o estado, pode significar um prejuízo considerável. Quando conseguimos o credenciamento, a tabela SUS nos dava o direito de faturar aproximadamente 2,5 milhões de serviços prestados ao mês, mais a contribuição do estado, que era de dois milhões.

Quando pudemos reter, em Porto Velho, pacientes que antes iam para Barretos, tiramos de lá vinte mil prontuários. No entanto, o alívio foi temporário em ambos os hospitais. Ano a ano, os números iam crescendo. A população envelhecia e o número de pacientes do Hospital de Amor de Porto Velho crescia muito também. Além disso, a qualidade do serviço chamava a atenção de pacientes que anteriormente iam se tratar em outros estados, pois tinham, agora, na porta de casa, um centro de referência com equipamentos modernos e de última geração.

"Esse é um dos aspectos mais dolorosos da interferência do poder dos lobos vestidos de cordeiros, que há dez anos continuam no comando absoluto, fazendo o que lhes interessa, sem se importar com o paciente que, por ser desprovido de recursos, não teria direito ao melhor."

Hospital de Amor Amazônia, construído em Porto Velho para o atendimento ao paciente com câncer.

Quando o novo governo do Brasil assumiu em 2019, ao perceber o aumento considerável de pacientes, pedi ao secretário do estado que fôssemos juntos a Brasília reivindicar um fundo do estado para enfrentar o crescimento na demanda. O secretário, médico, era o perfeito lobo vestido de cordeiro, sorridente e afável com todos. Ele concordou que fôssemos, mas não agiu e nada foi feito.

Eu tinha, porém, um amigo da área de oncologia no ministério e conseguimos segurar os recursos até o final do ano corrente. O mais inacreditável foi que o secretário não quis assinar a liberação do fundo para o estado; ainda não era para nós, mas era uma verba de 25 milhões a mais que eu conseguira, porque era perceptível que a curva de pacientes vinha crescendo.

No ano seguinte, tentei novamente obter recursos com o secretário, argumentando que já estávamos com mais de trinta mil pacientes em tratamento. Ele protelou, disse que assinaria, mas não assinou. No segundo ano, inexplicavelmente, também recusou o aumento do teto. O Hospital de Amor já estava com quarenta mil pacientes e só tínhamos o faturamento do SUS, de três milhões e meio por mês, ou seja, os custos foram dobrando e, mesmo assim, o secretário não liberou o dinheiro da União porque nos beneficiaria. Negar esse recurso era uma maneira de impedir que crescêssemos. E inacreditavelmente, de forma dolosa, não aceitou o aumento de teto do governo federal, que eu conseguira disponibilizar por dois anos seguidos para seu próprio estado.

O Hospital está de pé pela força da sociedade, dos colaboradores e do povo mais solidário do país, que é a população de Rondônia. Lá, realizam sempre os maiores leilões do ano, que arrecadam em torno de trinta milhões de reais, o que nos permite continuar operando. O dinheiro desses leilões poderia ser usado para finalizar obras, para construir um hospital infantil, que seria fundamental, pois crianças estão sendo tratadas junto com adultos, o que não é aconselhável. No entanto, temos que usar esses recursos para cobrir o déficit do funcionamento e não nos sobra nada.

Comuniquei ao governador a aquisição, pelo Hospital de Amor, de um equipamento de última geração de radioterapia para o hospital de Porto Velho, mas ele tinha um milhão de coisas para fazer e nos direcionou novamente ao secretário, que continuou negando seu apoio; nossos serviços com tais equipamentos ficaram ociosos e pacientes continuaram a ser encaminhados a serviços inoperantes e até mesmo criminosos.

Durante uma festa de confraternização, um promotor me escutou relatando esse episódio. Se o secretário tivesse nos ajudado, teríamos hoje um teto de aproximadamente quatro milhões da tabela SUS e, consequentemente, menos de dois milhões de déficit, sendo que isso não teria lhe custado nada.

Quando o evento acabou, o promotor (parece que estava ali pela providência de Deus), disse que me colocaria em contato direto com o governador, dispensando a intermediação do tal secretário, que se colocava à frente de tudo.

E realmente ajudou. Estive com o governador e relatei todos os fatos. O mais impressionante, porém, é que, enquanto aguardávamos na sala de espera, o promotor falou que o Hospital de Amor só não ficara inadimplente porque ele mesmo havia impedido o secretário de cortar 50% dos dois milhões que recebíamos! No ano seguinte, ele continuou insistindo para que o promotor concordasse em diminuir o repasse do estado para a instituição, o que, felizmente eu ignorava, mas não aconteceu.

Esse é o lado mais triste da história, porque houve a chance de obter mais recursos com as verbas da União e, em vez disso, ele tentou tirar tudo do Hospital de Amor.

Imaginem a minha surpresa: era inacreditável! Parece que o objetivo era destruir uma obra chamada Hospital de Amor, uma obra de excelência, em que 100% dos homens que lá estão são humanistas e abençoados por Deus. E já são dez anos de perseguição desde a reforma que fizemos inicialmente.

A persistência desse estado de coisas nos prejudica e mata os pacientes mais carentes com tratamentos de baixa qualidade, impedindo-lhes o acesso a um tratamento de primeiro mundo com começo, meio e fim. As clínicas fazem o que querem. Primeiro, beneficiam-se, e depois mandam os erros e os absurdos para nós.

Estou relatando essa história de Porto Velho, mas existem outros relatos idênticos; vocês vão enxergar nitidamente a força dos lobos vestidos de cordeiro e perceber que essas forças, sem dúvida nenhuma, são malignas.

Apesar de tudo, o Hospital de Amor sobrevive, e vencemos constantemente essas situações; não sem sacrifícios, dores e, às vezes, desalento, mas com muita fé e oração.

Outra história que narrarei para reforçar o objetivo deste livro — um documento com consistência e fatos verdadeiros — iniciou-se há 10 anos, mas é permanente, não cessa. São fatos com os quais convivo diuturnamente e não desisto de combater porque sei que essa é uma obra de Deus.

O dinheiro é protagonista nessas histórias, domina tudo, mas na medicina é ainda pior, porque não é só a questão do ganho e da concorrência, o problema é que o dinheiro define a vida ou a morte nessa seara, e posso afirmar com segurança, que muitos dos doentes que se dirigem em estado de urgência e emergência às Santas Casas, que atendem exclusivamente pelo SUS, não precisavam morrer. A prova está na Santa Casa de Misericórdia da minha cidade.

Essa história também já foi relatada, em parte, no meu primeiro livro, mas é interessante acrescentar fatos posteriores. Há 12 anos, fomos para Jales, SP, no primeiro projeto para descentralizar as operações do hospital de Barretos e construir nossa primeira filial. Na época, o governador José Serra entendeu perfeitamente nossas necessidades, já que estávamos perdendo qualidade em função do volume de atendimentos que passava de quatro mil pacientes por dia em Barretos.

Tivemos uma conversa produtiva com ele, que instituíra recentemente o projeto da nota fiscal paulista, gerando um incremento financeiro extraordinário para o estado de São Paulo, e havia receita suficiente. Ele concordou com a descentralização desde que eu assumisse dois AMEs em Barretos.

Havia, em Jales, um prédio abandonado, que seria um hospital para a Unimed e, com a intervenção do deputado Vadão Gomes, o prédio foi direcionado para nós. Um prédio ainda no esqueleto, que estava se deteriorando. Tudo se encaixava e o governador concordou na hora: "Henrique, você precisa mesmo descentralizar e, se ficar bom para você, vou ajudá-lo e vamos concluir isso".

As coisas fluíram tão bem que pude, de certa forma, influenciá-lo a fazer um Hospital de Câncer, em vez do Hospital da Mulher, que era a demanda da Faculdade de Medicina da Universidade de São Paulo (USP), na Avenida Doutor Arnaldo, em São Paulo. O próprio secretário, que era meu grande amigo, Luiz Roberto Barradas Barata, achava que não seria oportuno um hospital para câncer, mas consegui provar com argumentos precisos que o número de pacientes da Grande São Paulo que se dirigia para Barretos era enorme. E assim foi feito. Ajudei-o a idealizar o Instituto do Câncer do Estado de São Paulo (ICESP), seguindo o mesmo conceito de qualidade e humanização de Barretos, e lhe expliquei que se não fosse um centro de referência completo, não resolveria. No fim do governo José Serra, já estávamos com 50% da obra de Jales em andamento. Quando o governador Geraldo Alckmin assumiu, na sequência, o governo do estado, mandou me chamar e disse que a obra não interessava ao estado e que deveria ser suspensa. Ele não comungava com as ideias de José Serra de se fazer um investimento desse porte para o câncer porque já havia Barretos. E como foi impossível convencê-lo, tive que aceitar — não sem enorme frustração — e parar a obra!

Alguns meses depois, uma fazendeira da região, já conhecida dos meus leitores, Dona Eunice Diniz, uma das maiores beneméritas do Hospital de Jales, ligou-me espontaneamente. Dez anos antes, ela me ajudara com dois milhões de dólares, história já relatada no livro *Acima de tudo o amor*.

Ela me ligou nesse momento de enorme necessidade pedindo para colaborar mais uma vez com algo significativo, que realmente fizesse a diferença: "Significativo, não, dona Eunice, eu tenho algo de suma importância, que o governador mandou parar, o que é, no mínimo, um pecado".

E expliquei a situação e a posição do governador. Imediatamente, ela me pediu que fosse encontrá-la para conversarmos. Óbvio que fui, levando o projeto do qual ainda faltavam construir três fases essenciais.

"Providencial, Henrique. Vendi uma fazenda naquela região, e fiz um voto de que parte do dinheiro iria para um projeto que se dedicasse a salvar vidas; sendo ainda na minha cidade, não tenho dúvida alguma de que irei ajudá-lo."

E foi impressionante, porque ela me perguntou quanto custaria o restante da obra, as três fases essenciais — o centro cirúrgico, a Unidade de Terapia Intensiva (UTI) e internação. Eu tinha o orçamento das três em separado e pensei que ela escolheria apenas uma. No entanto, com sua imensa generosidade, ela determinou que fizéssemos tudo, as três fases.

Hospital de Amor Jales. No complexo, além do Hospital, temos um alojamento, uma capela e a sede da Associação Voluntária de Combate ao Câncer de Jales (AVCC).

"Henrique, pode continuar porque o dinheiro é a conta certa para você terminar essa obra."

Era coisa de mais de 15 milhões de reais!

"Deixei reservado esse dinheiro para fazer um bem aos pobres e o seu hospital entra exatamente no valor financeiro e benemérito que eu esperava."

Era um orçamento enorme, que eu não tinha tido coragem de pedir a ninguém. A providência fez o caminho!

Voltei, então, ao governador para ver se ele aceitava, pois já que o dinheiro tinha sido doado, poderíamos terminar a obra sem a ajuda do estado e a ele caberia apenas o credenciamento.

Felizmente, a resposta do governador respeitou a lógica:

"Henrique, se você conseguiu o dinheiro para terminar, não posso impedi-lo; pode continuar a obra, embora levantamentos feitos evidenciem que Barretos e Rio Preto seriam suficientes para a demanda do estado."

"Apesar de tudo, o Hospital de Amor sobrevive, e vencemos constantemente essas situações; não sem sacrifícios, dores e, às vezes, desalento, mas com muita fé e oração."

"Governador, suficiente talvez para a demanda do estado, mas não para o volume extra que vem de fora e torna péssimo o atendimento aos pacientes, que enfrentam filas de espera de, em média, três a quatro meses."

Estou repetindo essa história porque ficou aquela pulga atrás da minha orelha. A quem interessaria parar essa obra? Já era do interesse dos lobos vestidos de cordeiro daquela mesma região de Rio Preto, onde Jales se localiza, e foi a primeira a nos impedir o acesso?

No entanto, Deus nos enviou, no momento exato, essa mulher generosa e tão humana, dona Eunice Diniz. Terminamos a obra, mas, inacreditavelmente, não conseguimos o credenciamento. Foram oito anos de labuta, oito anos sem o credenciamento depois que o hospital ficou pronto e navegamos na maior dificuldade, sem ter a miséria do valor que o SUS nos pagaria. O estado, quando a obra ficou pronta, colocou um aporte para custeio de um milhão de reais; o custo inicial já era, porém, de três milhões. Foi quase impossível continuar, pois o restante que seria o faturamento SUS, devidos às Autorizações de Procedimentos Ambulatoriais (APACs), ninguém conseguia nos ajudar a receber. Toda hora, o processo travava em algum lugar e assim se passaram oito difíceis anos. Foi um monstro de obstáculo, aquele déficit! O hospital já custando uma enormidade e impedido de crescer porque só tinha o aporte, na época, de um milhão do estado. O restante, eu que tirasse da cartola. Todo mês, tinha que gerar dois milhões e meio, três milhões para cobrir o déficit. Fazíamos leilões, fazíamos eventos... foi desesperador! Na minha angústia, me interrogava: "Meu Deus, eu fiz de tudo para descentralizar Barretos, facilitando a vida de tantos em emergência de saúde e risco de vida, e nada disso importa, porque o interesse maior é que não haja concorrência à medicina privada da região de São José do Rio Preto?".

E foi uma onda dificílima de navegar, com muita turbulência, muitos problemas. Chegou um momento em que precisei confrontar o próprio governador, cujo secretário fazia, sem dúvida nenhuma, o jogo da elite da elite da elite da medicina. O secretário era um excelente médico, mas muito fraco como Secretário de Saúde.

Eu apoiara o programa "Mais médicos" no plenário da câmara, com o Ministro Alexandre Padilha. Havia a necessidade urgente de mais médicos. As carências eram enormes, principalmente na nossa área. A partir do instante em que defendi isso na câmara, porém, o secretário de saúde do estado de São Paulo nunca mais falou comigo e foi além, partiu para cima de mim com todas as forças que tinha e de todas as maneiras. Cancelou nossos convênios, não renovou outros, operando uma monstruosa ação contra nós. Ameaçou até mesmo barrar essa miséria de 1 milhão de reais que o estado nos mandava há três anos. Fomos até o ministério público, para o qual ele enviara a questão, e lá, felizmente, foi provado que eles estavam errados, que a responsabilidade de não termos credenciamento era deles, o que prejudicava apenas os nossos pacientes. Foi mais um dos momentos em que vi a presença viva de Deus nessa história e é o que me impediu de desistir.

Quando eu poderia imaginar, porém, que além de não receber o necessário e justo, acumular uma dívida de milhões, ainda retirariam a verba que o estado fornecia, cancelando até mesmo o contrato de Barretos. Ficamos sem nada!

Não renovaram o contrato e o líder da matilha dos lobos em pele de cordeiro, que era o secretário do estado, me fez comer o pão que o diabo amassou. O período em que apanhamos para sobreviver foi bem amargo e bem azedo.

Eu tinha que confrontar, expor tudo aquilo e resolvi agir politicamente. Vi que um hospital de prevenção e intervenção de pequeno porte, que é quase um Ambulatório Médico de Especialidades (AME) de câncer, em Fernandópolis, estava na iminência de fechar por culpa do governo e do secretário.

A sociedade de Fernandópolis, porém, abraçou o hospital num gesto de apoio para que ele não fechasse, o que repercutiu politicamente e provocou o contra-ataque do secretário. Ele foi à imprensa, acusou-me de estar totalmente errado e ameaçou pegar o hospital de volta; ele queria nos caçar de todas as maneiras. Esqueceu, porém, que a obra não era minha e sim de Deus. Os homens de boa intenção, começando pelo Serra, enxergaram a necessidade e a dor dos pacientes, mas os lobos vestidos de cordeiro não conseguem enxergar, infelizmente, além de seus próprios interesses, e se fecham para a necessidade de quem não tem o que comer, o que vestir e, além de tudo, tem câncer. Não se importam de lhes negar o melhor tratamento, ignorando que também devem ser tratados com excelência, e não com serviços parciais ou de clínicas que alimentam a fila de gente morrendo.

Como Deus é misericordioso, a inversão dos fatos aconteceu depois que o presidente Temer assumiu o governo. Ele teve a capacidade de enxergar a dor de tantos e teve a percepção do que estávamos sofrendo sem o credenciamento de Porto Velho e de Jales. Mas a força dos lobos vestidos de cordeiros havia contaminado seu próprio ministro da saúde, na época, que me rotulou de imprudente por abrir serviços sem autorização do estado, da União, das secretarias, do Ministério da Saúde e por aí vai. Mas como esperar tais autorizações? Seria nos condenar ao imobilismo e isso nunca aceitarei. Contra nós lutam os que tudo querem controlar para que de tudo possam usufruir. Querem que suas clínicas privadas e Santas Casas continuem abastecidas de pacientes vagando em busca de atendimento. Eles se acham donos das Santas Casas, querem-nas ociosas para receber as pessoas a quem vendem dificuldades, oferecendo facilidades nas filas e nos agendamentos. Só na Santa Casa de Misericórdia de Barretos, numa primeira análise há cinco anos, constatamos que havia sessenta e oito médicos que cobravam consulta no consultório e enfiavam seus pacientes goela abaixo da Santa Casa — que nem estavam agendados — para serem atendidos. Issoo acontece continuamente em todos os lugares; ninguém acredita que seja verdade, e a medicina do dinheiro merece esse nome porque se beneficia dos pobres. São como urubus que se alimentam da carniça. É o que sinto, porque veem um pobre com dor, morrendo e o induzem a pagar para reduzir o tempo de espera para a cirurgia, e os passam à frente de quem já está na fila, mas não tem dinheiro algum. É isso que vivencio e tenho que denunciar: profissionais se acham no direito de explorar o outro que, em situação de vulnerabilidade, submete-se a qualquer coisa para arrumar dinheiro e cessar seu sofrimento.

Essa é a minha revolta!

Deus sabe o porquê de ter me dado a incumbência dessa obra. Ele conhece meu desejo de fazer o melhor e sabe que não engulo, não aceito de outra forma. Faço, então, a minha parte e me sinto em paz por isso. E continuarei nessa batalha, saindo da minha zona de conforto e seguindo o exemplo do meu pai, dos médicos humanistas e idealistas, enviados por Deus, sem dúvida.

Em Porto Velho, na área do câncer, enfrentei uma perseguição que acontece até hoje. Dez anos de perseguição, dez anos de problemas imensuráveis que não terminam. E o mesmo acontece na região de São José do Rio Preto, em São Paulo. Tais práticas estão vivas e também seguem interferindo na vida do Hospital de Amor de Jales.

"Deus sabe o porquê de ter me dado a incumbência dessa obra. Ele conhece meu desejo de fazer o melhor e sabe que não engulo, não aceito de outra forma. Faço, então, a minha parte e me sinto em paz por isso."

Capítulo 4

São José do Rio Preto, São Paulo

Para vocês terem uma ideia, a força que domina setores da saúde pública é tão grande, tão impressionante, que é difícil identificar os lobos vestidos de cordeiro que se servem dela. Eles não aparecem, não se sabe quem são, contudo são eles por trás do poder da medicina privada. E depois dessa história de 12 anos da unidade de Jales, ainda estamos sendo caçados, triturados e moídos, de novo, pela Direção Regional (DIR) de São José do Rio Preto. Achei que as coisas seriam mais fáceis, fluiriam melhor, mas não sei como, todas as forças se uniram de novo, numa perseguição implacável a Jales. Quando a secretária assumiu, há três anos, começou a excluir do nosso faturamento pacientes que não fossem de Rio Preto — Jales pertence à região de Rio Preto —, em vez de fazer com que entrassem no valor das APACs e do faturamento do estado.

Começou a separar os pacientes da DIR de Araçatuba, que majoritariamente são atendidos em Jales. Ela os eliminou, tirando-os da conta do hospital porque, para ela, o hospital de Jales só deveria atender a pacientes da DIR de São José do Rio Preto.

Temos um convênio do estado, uma mixaria, o mesmo valor de um milhão que o Serra nos deixou e tínhamos, então, direito ao faturamento das APACs do SUS, que demorara oito anos para sair e cuja demora nos levara a quase fechar o hospital. E aí, o que acontece? Essa mulher foi fatiando nosso faturamento e, em 2022, na renovação do contrato, ela jogou com a série histórica, considerando até mesmo os anos de pandemia, o que não nos permitiu atender ninguém que não fosse da DIR de Rio Preto. Foi um baque na receita! E há nisso também uma incoerência. O Instituto do Câncer do Estado de São Paulo (ICESP), atende aos pacientes de todo o estado, mas o hospital de Jales não podia ser atendido, já que não fora feito pela vontade dos lobos vestidos de cordeiro e deveria ser eternamente cassado.

Assistimos a tudo isso com uma tristeza imensa. Como se não bastasse, há dois meses (antes da eleição de 2022), discretamente, a secretária foi flagrada encaminhando pacientes diagnosticados com câncer da cidade de Fernandópolis, a trinta quilômetros de Jales, para se tratar em São José do Rio Preto, onde não há metade do que temos de competência. Mandou até mesmo os pacientes que foram diagnosticados no trabalho de prevenção pelas nossas carretas das unidades móveis. E assim, ela começou a esvaziar nosso serviço de Jales, limitando intencionalmente nossos recursos.

Encaminhei o documento de um desses pacientes — assim como esse, havia centenas — ao secretário e ao governador de São Paulo e esperei as eleições de 2022 passarem para ver como isso se resolveria, porque é uma denúncia gravíssima e com provas. Não quero fazer estardalhaço, mas duvido que uma pessoa que faça isso tenha moral quando for exposta e ficar evidente sua intenção de prejudicar um hospital de excelência, puramente SUS, cujo crime foi tirar pacientes da medicina privada.

Na maioria desses casos, uma das nossas maiores suspeitas é de que o dinheiro azeite as engrenagens, tal como acontecia em Porto Velho. As coisas são muito mais sérias do que se imagina.

Aqui volto a dizer que, há vinte anos, quando contávamos com um homem de visão como José Serra, recebíamos 75% do custo do tratamento de câncer, e hoje, com a tabela congelada, recebemos míseros 21%. De quem partiu a iniciativa de congelar isso? Dos próprios lobos vestidos de cordeiro que são a elite da medicina do dinheiro. Congelando a tabela, fizeram surgir inúmeras clínicas populares que oferecem consultas por cinquenta reais, exames por cento e vinte reais e o paciente acredita que não precisa mais depender do sistema público. É uma desonestidade de cima a baixo, de uma força monstruosa, que submete os pacientes a tratamentos simples, ineficazes e prejudiciais e lhes tira a chance de cura. Infelizmente, a parceria da medicina do dinheiro com o Ministério da Saúde evidencia seu caráter político e deletério.

"Não quero fazer estardalhaço, mas duvido que uma pessoa que faça isso tenha moral quando for exposta e ficar evidente sua intenção de prejudicar um hospital de excelência, puramente SUS, cujo crime foi tirar pacientes da medicina privada."

A situação vem se deteriorando dia a dia e o meu objetivo é fazer um alerta para a sociedade, informando-a sobre o tamanho da desonestidade que boicota o sistema público de saúde e não oferece praticamente nada em seu lugar.

Se eu não acreditasse na existência do inferno, com certeza brigaria com Deus, porque tem de haver algum tipo de punição para quem provoca tanta dor e desesperança. As coisas funcionam assim para o doente pobre: ele vende tudo o que tem — quando tem — e se trata, ou morre antes do tempo. E eu me pergunto onde está a dificuldade das coisas? Simplesmente em não se conceder o reajuste da tabela do SUS, pois assim a situação permanece como está.

Em São José do Rio Preto, hoje, estamos sendo triturados, humilhados pelo poder de uma única pessoa que deve estar obedecendo a ordens de poderosos que agem na sombra e podem ser da região, ou de algum lugar qualquer.

As coisas não se resolvem, nossa luta é sem fim — ganha-se uma batalha e outras mais surgem — e esta é uma angústia que me leva a ecoar a minha denúncia neste livro!

Eu luto contra os lobos, Deus me deu esse dom, essa força e essa consciência. Eu não sou um cordeiro que vai para o abate de cabeça baixa. E como eu, há muitos com o mesmo sentimento de fazer a diferença. Não só médicos, mas também leigos, bons samaritanos para quem a dor do próximo não é invisível. E mesmo encarando enormes dificuldades, abrem instituições e vão à luta, sem trégua, para viabilizá-las. Essa luta, no entanto, é de sobrevivência, pois são homens pacíficos que administram 70% de instituições católicas ou cristãs, e infelizmente ninguém é de briga.

Quando 2022 chegou ao fim, junto com a Associação Brasileira das Instituições Católicas de Saúde (ABICS) e demais igrejas cristãs, redigimos um documento exigindo que todo o candidato a governos executivos — seja municipal, estadual ou federal — se comprometa com a correção da tabela do SUS congelada há vinte anos.

Representantes das Instituições filantrópicas que redigiram o documento entregue aos candidatos aos governos estaduais e federais.

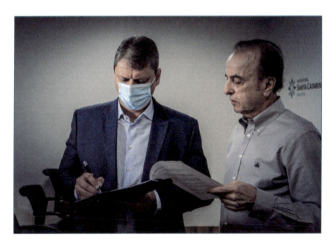
Tarcísio de Freitas, candidato ao Governo do Estado de São Paulo à época, assinando o documento redigido pela ABICS.

E quem manipula a medicina a esse ponto não consegue enxergar a diferença entre a vida e a morte, entre o sofrimento e a esperança de cura. A baixa remuneração mantém esse estado de coisas.

Esquecem, no nosso caso, de que estão prejudicando um hospital que eles não construíram. O Serra, em Jales, fez um aporte de dinheiro do estado porque ganhamos o prédio, mas o restante veio da sociedade, e de uma mulher abençoada por Deus. Em Porto Velho, aconteceu a mesma coisa. O povo deu o hospital, deu dinheiro, deu equipamentos, e a nós coube uma luta contínua contra o sistema que não quer que funcionemos, porque oferecemos a qualidade que nenhum serviço privado, nem de São José do Rio Preto, nem de lugar nenhum, nem mesmo da capital de São Paulo — que tem alto padrão — oferece. E isso foi comprovado pelos números que estão na Fundação Oncocentro de São Paulo (FOSP), o órgão que recebe todas as indicações de tratamento de câncer do estado de São Paulo, que é o melhor serviço do estado mais rico do país.

Tivemos uma taxa de cura do câncer 31% maior do que aqueles que praticam a mesma medicina que nós. Isso porque dispomos de uma equipe multidisciplinar, com médicos em período integral e dedicação exclusiva, uma equipe multiprofissional para todo tipo de tratamento de câncer, da prevenção ao tratamento, ensino, pesquisa e reabilitação. Somos o serviço mais completo e mais tecnológico, que conta com o maior banco de tumores da América Latina. Somos um centro de excelência na América Latina, somos tudo o que é sério, mas a medicina do dinheiro não nos enxerga assim. Enxerga como um concorrente, um rival que merece ser punido, castigado, pelo fato de oferecermos uma proposta honesta de disponibilizar o melhor aos pobres.

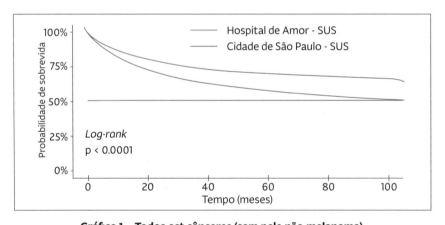

Gráfico 1 – Todos ost cânceres (com pele não-melanoma)
Fonte dos dados: Fundação Oncocentro do Estado de São Paulo (FOSP).

Eu não desisto por—ue sei que nasci para—essa missão. Com a capacidade de enxergar o sofrimento e de lutar para salvar vidas. Isso me mantém de pé, a despeito da angústia que muitas vezes me acompanha. No final deste livro publicarei, como no segundolivro que publiquei, uma carta lúcida, profética e de próprio punho de minha mãe, que atesta essa minha vocação.

"Quem manipula a medicina a esse ponto não consegue enxergar a diferença entre a vida e a morte, entre o sofrimento e a esperança de cura. A baixa remuneração mantém esse estado de coisas."

Capítulo 5

A Santa Casa de Barretos

Este capítulo é sobre um episódio lamentável, porém vitorioso, porque apesar de todas as dificuldades, temos as bençãos de Deus, e só por ela nos é possível enfrentar e, muitas vezes, derrotar a força dos lobos sempre à espreita.

Foi no tempo em que a Santa Casa de Barretos faliu. Ficou insolvente, sem pagar fornecedores, médicos, quase a mesma história do antigo Hospital São Judas que era do meu pai na época, mas, nesse caso, foi porque os lobos vestidos de cordeiro sugavam todo o lucro. Usavam a Santa Casa como se fosse uma instituição privada e seus pacientes, que lhes pagavam consulta nos próprios consultórios, tinham prioridade de atendimento, sem passar pelo crivo do agendamento.

No primeiro momento da minha entrada na Santa Casa percebi que a gestão era de pessoas que usavam a instituição em benefício próprio, valendo-se da projeção que o cargo lhes dava na sociedade para alavancar projetos políticos e pessoais. A filantropia, que é a própria vocação das Santas Casas, era cinicamente ignorada.

Quando assumi, descontavam encargos de mil cento e cinquenta colaboradores, que não eram repassados há vinte anos. Era um roubo escancarado: descontavam e não pagavam os encargos devidos.

Os médicos e os serviços terceirizados se propunham a colaborar com 10%, mas a Santa Casa arcava com mão de obra, serviço de energia, de limpeza, ou seja, quase a totalidade dos custos. Era um absurdo, pior que a casa da mãe Joana, que não tem dono, e que ameaçava uma estrutura pública de cinquenta anos. As instalações estavam podres, o oxigênio não subia além do terceiro andar, as redes de energia estavam no ponto de pegar fogo, o telhado caindo, um completo desastre. Nada, porém, era mais podre do que a forma como os médicos administravam a instituição, usando-a como se fosse propriedade privada, completamente seguros e senhores de si, sem que nada os ameaçasse.

O mais impressionante era que, num hospital como a Santa Casa, não havia médico de especialidade presencial, nem médico capacitado em setores de vida e morte na urgência, na emergência e na UTI.

Quanto pior o serviço do SUS, mais facilidades tinham os médicos, que encaminhavam esses pacientes para seus próprios consultórios e lhes cobravam pelo atendimento. Um caos absoluto em todos os aspectos.

Um dia, ao encontrar-me com uma senhora que não tinha nem um chinelo inteiro (metade já estava gasto) e que morava em uma casa de barro, perguntei-lhe:

"Por que a senhora pagou a diferença ao médico se tinha o direito de fazer sua cesárea sem pagar nada?"

"Ah, seu Henrique, o médico me mostrou que, pela minha cesárea, o governo lhe pagaria 120 reais. Achei muito desonesto com ele, que estudou, sabia fazer, cuidaria da minha vida, e não tive dúvida. Fiz esse esforço e paguei."

Chegamos a esse ponto. Foi um absurdo o que vi e o que vivi lá naqueles dias. O mais difícil é que ninguém sabia o que era realmente a medicina de alta complexidade que eu queria implantar, e a posição dos médicos não me surpreendeu:

"Henrique, você ficou louco? Você quer uma coisa sobre a qual não temos nenhuma experiência e nem mesmo sabemos como funciona."

"Eu tive que aceitar, inicialmente, também sem experiência, a administração da Santa Casa, coisa que absolutamente não me interessava e a sociedade local me pedia há dez anos. Não pensem que estou aqui por vontade própria, mas se estou, vou fazer o melhor e todos vão colaborar."

Os funcionários não estavam recebendo 13º salário nem férias, mas eu precisava honrar ao menos os salários de quem estivesse trabalhando, e emprestei dinheiro do Hospital de Amor para pagar a folha dos funcionários e não perdê-los. E fui emprestando, ingenuamente, pensando que, de fato, as informações do gestor, em que confiava, eram verdadeiras. Mas não eram.

"Foi um absurdo o que vi e o que vivi lá naqueles dias. O mais difícil é que ninguém sabia o que era realmente a medicina de alta complexidade que eu queria implantar, e a posição dos médicos não me surpreendeu."

Nessa altura dos acontecimentos, eu já havia emprestado seis milhões para a Santa Casa, que ainda precisava de mais dois milhões para se manter aberta, alémda sua dívida ativa em cartório, que era de cento e cinquenta milhões. Havia um caos absoluto na área financeira da Santa Casa: dívida em cartório, nos bancos, dívida fiscal e ainda haviam perdido a Certidão Negativa de Débitos (CND), que é a licença necessáriapara captar recursos de emendas na Câmara no Senado.

Era um momento caótico.

Além de muito irado, fiquei completamente pasmo:

"Deus do céu, como pude acreditar nessas informações iniciais, sem examiná-las a fundo?"

Barretos tem uma população de mais ou menos cinco mil pessoas, que vivem em função do hospital. Mais de quatrocentos municípios mantêm casas fora do alojamento do hospital. Temos, ainda, mil e quinhentos pacientes em alojamento próprio. Toda essa população depende da Santa Casa e permanece por muito tempo em Barretos.

Vale a pena salientar que diziam, na época, que eu aceitara a administração da Santa Casa porque me interessava que ela servisse à minha faculdade. Sim, eu tenho uma faculdade de medicina, mas já havia equacionado a demanda e distribuído o número proporcional de alunos, por vários outros lugares. Estávamos na quinta turma e eu não precisava, de forma alguma usar o "privilégio" de ser o gestor da Santa Casa em benefício da minha faculdade.

Então, como eu vinha relatando, naquele momento de enormes dificuldades, recebi a notícia — por meio de uma enfermeira — de que os médicos haviam entrado em greve. Eu estava em casa, à tarde, quase decidido a tomar a frente da Santa Casa, mas ainda em dúvida. A decisão final nasceu mesmo quando nossa enfermeira me ligou sobre a greve. Ela estava prestes a dar à luz, mas a greve impediria o funcionamento até da UTI neonatal e ela não queria arriscar um parto lá. Essa foi, portanto, a chave que destravou minha decisão.

"Olhe, eu não tinha me decidido até agora porque os problemas são muito maiores do que haviam me informado. A Santa Casa, na verdade, tem uma dívida monstruosa, vai ser muito pesado enfrentar um problema dessa magnitude, porém, essa notícia que você acabou de dar me fez decidir. Amanhã mesmo vou assumir essa bomba e se você puder esperar, vou resolver também o seu problema."

Pedi, então, a uma pessoa de minha confiança que ligasse para a Santa Casa e avisasse ao médico responsável que deveria atender nossa enfermeira e disponibilizar vaga de UTI neonatal, se houvesse necessidade. Se não cumprisse essa ordem, ele estaria na rua, já que, no dia seguinte, o gestor da Santa Casa seria Henrique Prata... ele que escolhesse.

Antes de tanta roubalheira e desmonte ao longo de vinte, trinta anos, houve dois homens impressionantes nessa Santa Casa: meu tio, Theophilo Benabem do Valle e seu Ibraim, gestores honestos, empreendedores. Naquela época, a Santa Casa era um símbolo de valor e qualidade para, inacreditavelmente, mergulhar nesses últimos 20 anos na podridão e no descontrole. Todos sugando, deixando só o osso. E eu mergulhei de cabeça nessa confusão.

Comuniquei ao prefeito minha decisão de assumir a Santa Casa e que faria, inicialmente, uma auditoria para saber exatamente o tamanho do buraco. Isso virou a notícia do dia, da semana, do mês:

"Henrique Prata vai entrar na Santa Casa!"

Dos lobos que estavam lá, simplesmente 58 foram embora sem se despedir, nem acertar a conta, nem olhar para trás porque sabiam que o caçador de lobos tinha chegado. Vejam como as pessoas reagem sabendo como eu sou. Sabem que vou punir quem explora ou trata com superioridade as pessoas humildes em sofrimento. E carrego a fama de ser muito duro. Se maltratar ou humilhar um paciente nosso, não trabalha nem o resto do dia, sai na hora.

Até meus pais se assustavam com minha forma de ser, achavam que um erro poderia ser perdoado. Admito uma segunda chance para qualquer erro, até erro clínico, mas humilhar e explorar um pobre, esse erro não admito, nunca deixaria se repetir no Hospital de Amor.

O sistema político atua negativamente nas questões de saúde pública, mas, na Santa Casa, o problema era, de cara, a classe médica.

Então esse foi um desafio completamente diferente daquele que eu enfrentara no hospital do câncer, quando experimentei a mistura da política com o poder do dinheiro, mas com os lobos agindo nas sombras.

Relembrando as experiências desses primeiros anos na Santa Casa, confesso que foi um convívio muito difícil com médicos que não tinham o caráter nem os valores e ideias daquela primeira equipe humanista que criara a filosofia do hospital. Seria necessária uma enorme mudança e, se de um lado estava muito preocupado, de outro, fiquei feliz por estar formando, na minha faculdade de medicina, profissionais que se pautariam pela medicina humanizada do Hospital de Amor. Toda minha equipe tem o caráter, a formação e os valores tão caros à filosofia do meu pai. Por isso, a faculdade tem seu nome, para que ninguém esqueça seus ensinamentos e todos se tornem discípulos de Paulo Prata. Tratar o paciente com amor é o remédio inicial que vai, antes de curar, levantar a autoestima do doente, principalmente de câncer, que precisa lutar com todas as armas disponíveis.

E queremos mais: que esses alunos, futuros médicos, saibam diferenciar o joio do trigo oferecido no mercado e saibam resistir à força do dinheiro, que corrompe e faz o médico primeiro enxergar o paciente como oportunidade de ganho e só depois enxergar o doente em si, numa perversa inversão de valores. As coisas eram mais ou menos assim: a medicina do dinheiro acolhia e tratava o doente enquanto este tinha dinheiro, mas quando acabava, diziam:

"Ah! Agora você tem que continuar seu tratamento no hospital que os artistas ajudam, porque lá nunca falta dinheiro."

E quantos pacientes não chegaram a Barretos operados sem necessidade, apenas porque tinham dinheiro para a cirurgia? Nessa hora extrema, doentes vendem o que têm para pagar o que for em busca da cura que é, às vezes, só manipulação.

E se soma a essa conduta dos médicos, o apadrinhamento político que faz os lobos permanecerem vestidos de cordeiro, usufruindo da medicina de forma desonesta e em segurança.

Ao assumir a Santa Casa de Barretos, comecei a receber convites de outras Santas Casas para analisar suas próprias gestões e ajudá-las a melhorar. Uma delas tem um enorme valor para mim, por vir de uma pessoa que se tornou realmente minha amiga, depois de ler o livro *Acima de Tudo o Amor*.

Uma juíza estadual de Adamantina, doutora Ruth Duarte Menegatti, que encontrou no livro a máxima de que um leigo também poderia salvar vidas, mergulhou na ideia e, pondo em espera a própria vida, foi tentar replicar minha experiência baseada nos mesmos valores. Assumiu, então, um hospital psiquiátrico na sua cidade, operando lá uma incrível transformação.

Fez algo similar ao que eu conseguira fazer no Hospital de Amor e na Santa Casa, e aí ficamos amigos. Ela pôde contar com meu apoio, com minha avaliação diagnóstica, assumindo um hospital destruído, praticamente falido, e além de buscar entender de gestão, pegou para si a responsabilidade de angariar recursos, encarando todo tipo de dificuldade nessa iniciativa.

E foi algo extraordinário!

"Barretos tem uma população de mais ou menos cinco mil pessoas, que vivem em função do hospital. Mais de quatrocentos municípios mantêm casas fora do alojamento do hospital. Temos, ainda, mil e quinhentos pacientes em alojamento próprio."

Como ficamos muito amigos, sugeri a ela que buscasse a ajuda de alguém muito experiente, como Frei Francisco, também um grande amigo, que não tem limite para assumir gestões distorcidas. Ele é um dos maiores gestores que conheço na área da saúde de pequena, média ou alta complexidade, um São Francisco de carne e osso, que já colaborava com mais de cinquenta hospitais na época. E apesar do acúmulo de trabalho, Frei Francisco aceitou mais esse desafio virtuoso.

Outro exemplo foi a Santa Casa de Sorocaba, que já contava com o diagnóstico da própria congregação. Todos os quadros eram idênticos, com os mesmos valores antiéticos articulando o sistema de vender dificuldades para favorecer a medicina privada do dinheiro.

É preciso afirmar, porém, que há inúmeros médicos idealistas e competentes, que não se deixam contaminar e praticam uma medicina privada honesta. A esses rendemos nosso respeito e admiração.

Há outros, no entanto, que mesmo na hora da dor arrancam sem dó o que puderem do doente completamente vulnerável pelas circunstâncias. Essa é a minha indignação, esse é meu grito de alerta! Se não existir justiça nos valores atribuídos aos procedimentos pela tabela SUS, isso vai se perpetuar, afetando os pobres deste país.

É fundamental, também, que pessoas como a doutora Ruth e o Frei Francisco se multipliquem e tenham a mesma coragem.

O grande diferencial nessa área seria termos homens públicos honestos e comprometidos, principalmente em cargos executivos. Já vimos essa experiência dando certo com José Serra, mas infelizmente ela não se repetiu e ninguém agiu como ele até hoje. Tenho certeza, porém, que isso seria possível novamente se tivéssemos a lucidez de escolher políticos de caráter, verdadeiramente competentes e comprometidos com a justiça social neste país em que o poder do dinheiro e da política ainda se associam e mandam. É uma coisa impressionante, mas não perco a fé! Não é possível que isso continue.

Agora vou passar para outra história também muito triste, em que a irresponsabilidade, a ignorância e a insensibilidade política prejudicaram um setor fundamental — a saúde básica – área da qual, infelizmente, poucos reconhecem o valor e a importância.

Depois da minha experiência de 25 anos na área de câncer e de ter, digamos, "herdado" Barretos, a saúde básica entrou na minha vida de uma forma inesperada. Administrá-la, o que acabou acontecendo, demonstrou que o maior problema que havia lá era uma demanda enorme de pacientes, que deveriam ser atendidos no "postinho de saúde" do próprio bairro, o que não acontecia.

O médico responsável me trouxe, na época, as primeiras análises que evidenciavam a incompetência no processo dos postinhos e sugeriu que eu deveria, conhecendo esses fatos, me envolver na gestão desse serviço de saúde básica, coisa que achei um absurdo.

"Por que eu também preciso me envolver nisso?"

Mas os números falavam tão alto, eram tantos os pacientes que se espremiam na Santa Casa quando deveriam ser atendidos nos postinhos, que acabei me decidindo.

"Já que estou na chuva, estou molhado, vou entrar nesse processo também."

E esse mesmo médico, humanista, competente clínico geral e com formação em saúde básica, inteirou-me da coisa toda e, diga-se, estava tudo absurdamente errado. Esperamos um ano, mais ou menos, até sair a licitação, quando achei que tudo seria mais rápido e que o prefeito me entregaria facilmente esse encargo. O aporte de pacientes para a Santa Casa continuava alto, com casos como dor de barriga, unha encravada, coisas que se resolveriam facilmente nos postinhos. E, sinceramente, eu me dispunha a quase tudo para aliviar a Santa Casa, mas com as forças políticas em ação, o prefeito relutou por quase um ano para ceder e concordar.

Do meu lado, a pressão também foi grande, levando-me a ameaçar tornar pública a história, o que lhe geraria enorme desgaste político. Finalmente, depois de um ano, ele nos entregou cinco unidades básicas, das nove que o município tinha, e muito rapidamente os números foram revertidos.

Em noventa dias já tínhamos aumentado incrivelmente o índice de resolutividade dos postinhos. O que fez essa diferença? A mudança de gestão. Só aplicamos o método da honestidade e buscamos trabalhar apenas com médicos que tinham especialidade em medicina de família. Ao chegarmos aos postinhos, de dez médicos, nove talvez não tivessem o menor conhecimento e formação em saúde da família; eram cardiologistas, ortopedistas, que prestam concurso público e são designados para qualquer lugar. E qual a resolutividade deles? Praticamente zero. Encaminhavam tudo para a Santa Casa, pediam exames desnecessários e quase nada era resolvido.

Uma outra medida foi contratar dentistas muito bem avaliados, cuja produção subiu enormemente. Antes, isso simplesmente não acontecia por falta de cobrança e fiscalização. Então, medidas simples podem fazer a diferença no serviço público, senão o profissional finge que trabalha, o serviço público paga pouco e, por isso, não tem moral de exigir produção. E existem valores do estado e do governo federal que, somados, poderiam remunerar melhor a medicina básica. Mas a gestão não tem compromisso com a eficiência, porque atende à população carente e mal-informada. O mais ou menos já serve... sempre mais ou menos. Para essa população, para que qualidade e excelência?

A conclusão é de que aumentamos consideravelmente a produção de todos os postinhos que administrávamos, pagando os mesmos valores e mantendo o mesmo número de profissionais. E continuamos a praticar a mesma medicina do Hospital de Amor, que cumpre inteiramente as exigências do protocolo canadense, o melhor do mundo, e nos tornamos o único município do estado, do país e acho que até mesmo da América Latina com essa prática. É um êxito absoluto de competência.

Essa mudança de gestão interferiu muito no custo final da Santa Casa; baixou custos, eliminou filas e nos estimulou a administrar os demais postinhos. O prefeito, contudo, foi cassado, acabou saindo e veio uma nova eleição.

Dois grandes amigos, empresários de muito sucesso na cidade de Barretos e comprometidos com a Santa Casa — Giovane Barroti e Renato Reis — juntaram-se a mim na disposição de administrarmos todos os postinhos da cidade e, se possível, também a Unidade de Pronto Atendimento (UPA). Teríamos resolutividade de ponta nos bairros, o que reduziria ainda mais o impacto na Santa Casa, um serviço muito mais caro para casos de maior complexidade, em que um doente perde a chance de ser atendido com mais celeridade porque o médico está ocupado com casos menores. E isso é desumano.

Quando se sabe que uma coisa tem de ser alcançada, você traça metas e une forças com a sociedade porque em algumas cidades há sempre forças antagônicas e muitos interessados, e o serviço público pode ser apenas uma fachada.

Depois da saída do prefeito, nossa primeira meta foi apoiar a candidata à prefeitura, filha de um grande amigo de infância, homem correto e íntegro.

E a nossa demanda junto a ela, encaminhada pelos dois empresários, era que nas licitações, se houvesse igualdade de propostas, ela decidisse pela nossa gestão. Isso foi acordado e juramentado.

Ela ganhou a eleição com folga e quando tudo parecia resolvido, a história se repetiu, as forças ocultas entraram em ação e comprometeram nosso acordo. E o argumento era:

"Espere aí, essa instituição está querendo tudo, querendo dominar a cidade?..."

Não! Só queríamos evitar tanta coisa errada que impactasse o funcionamento da Santa Casa, como erros de diagnóstico, tratamentos equivocados e muita mentira.

Quanto mais o tempo passasse, menores seriam nossas chances. Então, meses depois, decidi fazer um diagnóstico da saúde do município em conjunto com Renato e Giovane para deixar clara a diferença de gestões e dirimir as dúvidas que a prefeita pudesse ter. Afinal, uma cristã, temente a Deus, não ficaria indiferente às questões que impactam a vida de pessoas e que são, muitas vezes, a diferença entre a vida e a morte de tantos. Para minha surpresa, quando os empresários lhe apresentaram os números, apesar da pressão de ambos que haviam ajudado a financiar sua campanha, ela reagiu protelando ainda mais a decisão.

E olhe que, em Barretos, o senso de gratidão da população para conosco era enorme por conta da eficiente administração da Santa Casa e dos postinhos. Todos reconheciam a grande diferença proporcionada pela nossa gestão e me agradeciam pessoalmente, onde quer que eu fosse. Mas aí aparecem as garras e os dentes dos lobos, que usavam o postão como clínica particular. E essas pessoas chegaram até a ameaçar de morte o gestor responsável pela saúde básica, o doutor Leonardo, que foi fazer a avaliação das coisas por lá. Inacreditável a resistência contra uma gestão honesta! Chegaram a ameaçar de morte até a mãe do doutor. Leonardo, que encanta os pacientes e os profissionais ao seu redor, e que, por sua conduta, foi intimidado de todas as formas.

Então, não posso me calar tendo testemunhado tudo isso e tenho que denunciar esse esquema, que nos fez recuar, dando fôlego para a prefeita continuar protelando. Naturalmente, a palavra dela, que achamos que tinha um peso tremendo, perdeu toda a credibilidade, e ela também perdeu apoio político considerável; o corporativismo reacionário ganhou mais uma vez e a prefeita se acovardou.

A situação que os relatórios evidenciaram era tão calamitosa que tive vontade de mandar a polícia fechar tudo. Quando as coisas estão sob minha tutela, sob meu comando, eu atropelo e resolvo. Mas quando envolvem a política, que tem muito poder, fica impossível uma solução. Quando as minhas atitudes são muito impulsivas, normalmente, é porque sinto a dor de um paciente e tenho que me controlar. Nesses fatos, que poderiam me desanimar, eu vejo a presença de Deus, porque provocam meu coração e me dão redobrada vontade de lutar.

"Quando se sabe que uma coisa tem de ser alcançada, você traça metas e une forças com a sociedade porque em algumas cidades há sempre forças antagônicas e muitos interessados, e o serviço público pode ser apenas uma fachada."

Capítulo 6

Equipe

á coisas incríveis que me dão segurança para seguir. A primeira delas é como nasce a inspiração para formar uma boa equipe, o que é fundamental porque não faço nada sozinho.

Quando pensei em Jales, houve uma resistência da equipe de Barretos. Achavam que desperdiçaríamos tempo e dinheiro que deveriam ser canalizados para Barretos. Só que Barretos já tinha um tamanho absurdo. O primeiro projeto do meu pai de trinta e cinco mil metros quadrados havia sido ultrapassado, e muito, pelos nossos atuais noventa mil metros quadrados, e a demanda de mil pessoas a mais, por dia, quase nos inviabilizava. A diretoria rachou na época e metade ficou contra. Achei, no entanto, que não poderia recuar porque estaria comprometendo a qualidade do nosso atendimento e insisti, pedindo que a equipe indicasse o melhor residente que tivemos em termos de caráter e competência clínica, e que fosse merecedor de toda confiança para chefiar o novo projeto. De maneira unânime, disseram-me:

"Olhe, o profissional que você quer é o doutor André Silveira, que hoje está muito bem empregado em Araçatuba e vai ser quase impossível tirá-lo de lá."

Apesar desse obstáculo, entramos em contato com ele e lhe pedi que viesse até Barretos para conversarmos.

"André, vou abrir um Hospital em Jales. Cheguei à conclusão de que Barretos está no limite, com excesso de pacientes. Vou descentralizar e preciso de uma pessoa de confiança para assumir o novo projeto. Você tem a qualidade técnica, a filosofia do Hospital de Amor que, para mim, é fundamental, e preciso de você liderando isso."

"Henrique, fico muito orgulhoso pelo seu convite. Fiz residência em Barretos por três anos e gostaria de ajudá-lo, mas tenho compromisso em Araçatuba até o fim do mês. Para aceitar, precisaria de trinta dias."

"André, preciso de você antes disso, então veja o que é possível fazer."

Lembro-me de que o diretor clínico na época, Antonio Talvani, chamou o doutor André para visitar o centro cirúrgico do Hospital. Enquanto a esposa dele estava na sala, aproveitei para lhe perguntar quanto ganhavam em Araçatuba.

"Somos contratados por uma equipe da Santa Casa e ganhamos...", vamos dizer que fosse em torno de quinze mil reais.

"E qual é exatamente o trabalho dele?"

"Ele tem a parte da manhã livre para o ambulatório, no qual sou sua secretária, e à tarde ele opera."

"E quanto ele ganha no ambulatório?"

"Faz cinco anos que ele saiu daqui e nunca o vi cobrar sequer uma consulta; só atendemos o serviço público e recebemos apenas pelo contrato dele como cirurgião. A Santa Casa atende convênio particular também, mas ele só atende o SUS."

Quando ele voltou da visita ao centro cirúrgico e fui pedir que assumisse o mais rápido possível, sua resposta me deu ainda mais certeza da minha escolha: "Henrique, você vai me desculpar, mas não vou para Jales se não puder realizar as oito cirurgias já agendadas em Araçatuba. Se eu não puder operar, os pacientes terão que pagar para outros médicos a diferença do que o SUS cobre. Só eu faço essas cirurgias sem cobrar adicional desses pacientes sabidamente pobres".

Abaixei a cabeça, concordei e entreguei a ele a primeira gestão do Hospital de Amor em Jales.

Vi, na indicação desse médico para fazer parte do projeto, a evidência da presença de Deus porque, coincidentemente, meu pai, também formado em Medicina pela USP, nunca soube o que era cobrar de um paciente, ao contrário de boa parte dos médicos que são muito mal remunerados pelo estado.

"Vi, na indicação desse médico para fazer parte do projeto, a evidência da presença de Deus porque, coincidentemente, meu pai, também formado em Medicina pela USP, nunca soube o que era cobrar de um paciente, ao contrário de boa parte dos médicos que são muito mal remunerados pelo estado."

Apesar disso, foi uma experiência muito difícil para mim porque tive que lidar com a revolta de uma parte do corpo clínico que achava que eu estava dividindo meu tempo e retirando investimento de Barretos. Enxergavam mais o próprio interesse nesse momento. A escolha de um médico com tantas semelhanças com meu pai, porém, me emocionou e evidenciou que eu estava no caminho certo.

O doutor André foi liberado e o hospital de Jales começou a funcionar assim que a primeira parte ficou pronta. Um dia, durante uma visita, flagrei-o junto com os funcionários, curiosamente, com o rodo na mão, ajudando na limpeza. Diante do meu assombro, ele se justificou dizendo que tinha poucos pacientes, tempo sobrando e... por que não?

Isso nem mesmo meu pai fez, mas a bondade de Deus, que sempre me rodeia de pessoas incríveis, presenteou-me com uma equipe que me dá enorme segurança.

Na sequência, houve outro fato que me impressionou e que vale a pena relatar aqui. A quase totalidade dos casos de câncer que migravam de Rondônia para Barretos faziam o impossível para chegar. Iam a pé, de bicicleta, de ônibus, de qualquer coisa, causando uma concentração absurda de pacientes que certamente deveriam ser tratados no seu lugar de origem.

Uns três anos antes de abrirmos o hospital de Porto Velho, recebi a carta de um médico, doutor Carlos Alexandre, contando a história da sua opção profissional. Após se especializar, fazendo residência no Instituto Nacional de Câncer (INCA), no Rio de Janeiro, só enxergou sentido para a sua vida se fosse para se dedicar à população mais pobre. Ele cursou uma das melhores escolas de formação clínica do país, o INCA, e migrou para Porto Velho, onde era o único cirurgião oncológico com essa formação no estado de Rondônia. Estava, porém, muito frustrado, porque apesar da campanha que haviam feito envolvendo a sociedade de lá para arrecadar dinheiro e melhorar as instalações e serviços, nada tinha sido realizado. Sua carta era um pedido de ajuda e soou como um pedido de socorro. Ele quase implorava que eu tivesse compaixão daquele povo pobre que ia para Barretos sacrificando tudo, até mesmo a família, em busca de tratamento.

E eu lhe respondi relatando minhas próprias dificuldades: "Olhe, eu gostaria muito de ter essa força que você está atribuindo a mim, mas tenho uma missão quase impossível aqui (naquela época, deveriam nos faltar em torno de dez milhões a cada mês); tenho que correr constantemente atrás de dinheiro para cobrir meu rombo mensal; meus problemas são enormes e, mesmo percebendo sua decepção, infelizmente não posso ajudar. Mesmo que eu quisesse, saiba que, para abrir um hospital muito mais perto, sofri a resistência de metade do meu corpo clínico, então, não posso mesmo. Parabéns, contudo, por sua generosidade, pela disposição de deixar o Rio de Janeiro e se estabelecer em Porto Velho'."

Mais uma vez, manifestou-se a providência de Deus. Tempos depois, fomos a Porto Velho levar o dinheiro do Prêmio Avon para criar um equipamento de prevenção e vi o estado de coisas que já relatei anteriormente: um hospital absolutamente sucateado.

Perguntei, então, pelo doutor Carlos Alexandre e soube, para minha surpresa, que ele continuava lá. Nos encontramos pessoalmente e lhe disse sem rodeios que o chiqueiro de porcos da minha fazenda era muito mais limpo do que aquele hospital!

Vou abrir um parêntese aqui para contar que, depois de uns dois anos que o doutor Carlos Alexandre me escreveu aquela carta, um paciente internado em Barretos mandou me chamar para dizer:

"Henrique, o senhor precisa ir urgentemente para Rondônia. Fiz cirurgia lá, e fiquei num quarto em que cabiam três pacientes, mas havia seis, todos em macas e morrendo um atrás do outro, com a mesma bactéria, a mesma infecção. Quando o terceiro morreu, meus amigos fretaram um avião em Porto Velho e me mandaram para cá. Os demais que ficaram, morreram. Eu quero pedir para você ir até lá e confirmar o que estou contando." Isso dois anos depois da carta do doutor Carlos Alexandre.

Enfim, o desfecho da história todos conhecem: fomos para Rondônia, apesar das enormes dificuldades, e o doutor Carlos Alexandre trabalha conosco desde então.

A intenção maior de contar essa história é enfatizar, mais uma vez, a qualidade das minhas equipes. O doutor Carlos Alexandre e o doutor Jean foram as duas âncoras da minha chegada a Porto Velho. O doutor Jean, que foi o primeiro a me mostrar as instalações e de quem me aproximei muito é, hoje, meu gestor e um grande amigo. Quanto ao doutor Carlos Alexandre, quando nos encontramos lá, não pude deixar de dizer:

"Cara, se você não foi embora até hoje, perdeu a chance de ir porque agora que vi do que você é capaz, vou precisar da sua ajuda como profissional e ser humano. Vi a alma do meu pai em você, sei que é um médico que sente a dor do paciente e não vou abrir mão de tê-lo na equipe."

Com ambos, minha confiança numa administração humana e de qualidade técnica foi assegurada, nascendo aí uma parceria incrível que me permite narrar mais um fato admirável.

Esse mesmo médico, doutor Carlos Alexandre, é o protagonista da próxima história.

A mãe do senador Marcos Rogério, que é um líder no estado de Rondônia, teve, há quatro anos, um diagnóstico de câncer de pâncreas. Foi para São Paulo e ficou internada nos dois melhores hospitais da cidade, recebendo, em ambos, o mesmo diagnóstico de um tumor inoperável, com estimativa de seis meses de vida.

O senador, morando em Brasília, levou a mãe para lá, de modo a ter uma outra opinião. A melhor e mais importante rede médica privada de Brasília deu a ela o mesmo diagnóstico: noventa dias de vida.

Em três grandes centros de câncer deste país, o diagnóstico foi o mesmo e ela voltou para casa numa depressão profunda. A irmã de Marcos Rogério, inconformada, depois de sessenta dias, disse à mãe:

"Você está muito deprimida, muito sem esperança... vamos até o Hospital de Amor de Porto Velho, de quem falam tão bem, buscar mais uma opinião."

Lá, foram atendidas pelo doutor Carlos Alexandre que, de início, tratou-a como se fosse sua própria mãe — o que faz com todos os seus pacientes, mas o diagnóstico foi surpreendente:

"Eu opero esse mesmo tipo de tumor pelo menos duas vezes por semana; é normal, e lhe garanto que a senhora vai ficar boa. Quem disse que era inoperável?"

Imediatamente, ela ligou para o senador, comunicando a inacreditável reviravolta no caso:

"Filho, você não vai acreditar! Estamos há sessenta dias sofrendo e aqui mesmo encontrei um médico que me restituiu a esperança! Disse que isso aqui é arroz com feijão para ele, que é normal, é uma coisa que ele faz de rotina e que vou ficar curada!"

O doutor Carlos Alexandre, então, operou-a com sucesso. Isso aconteceu há quatro anos e é para mim a evidência de que esse homem tem a mão ungida por Deus. E tenho tido a imensa sorte de contar com inúmeros profissionais da mesma qualidade.

O que me falta para encerrar essa história é contar que, quando impulsivamente me decidi por Porto Velho, tínhamos, na época, em Barretos, um conselho de vinte pessoas do qual também minha mãe fazia parte. Pois bem, eles conseguiram o voto dela, que era presidente do conselho curador, não da instituição, e ficaram unanimemente contra a nossa ida para Porto Velho. Achavam que eu estava banalizando a história de 50 anos do Hospital de Amor e arriscando comprometer sua qualidade. Não tinham, porém, a minha fé; enxergavam a própria conveniência e eu conseguia compreendê-los. No entanto, vejo as coisas do ponto de vista do paciente, e é com esse olhar que me obrigo a ir em frente.

Depois de tudo concluído, vejo no desfecho dessa história a mão invisível de Deus. Vejo a mão de Deus na minha decisão inabalável e na presença de uma equipe incrível, que é a alma do hospital, e que trabalha incansavelmente num lugar da Amazônia abandonado há muitos anos pela política pública do nosso país.

Atualizando a história, no ano de 2022, no período pós-pandemia, as coisas continuavam como sempre em relação aos lobos em pele de cordeiro. O mercado se concentrava na medicina privada e, em Porto Velho, grupos se uniam a cooperativas ou associações médicas de determinada especialidade — o que é perfeitamente plausível — mas o faziam para dominar o serviço de um grande centro, de um estado, caso típico de Porto Velho. E se organizavam de tal forma que eram capazes de exercer controle absoluto do serviço em um estado. Ofereciam salários acima do praticado (o Hospital de Amor tem um teto igual para todos os profissionais do mesmo nível) e conseguiam nos tirar os médicos mesmo que ficassem ociosos no serviço privado, ou mesmo no serviço público, no qual passavam a fazer parte do chamado "esquema do estado". Eles, então, centralizavam, dominavam o serviço e prejudicavam, independentemente das consequências, o direito de uma instituição que, como a nossa, trabalha 100% com atendimento SUS. Tentavam destruir todas as chances de termos uma equipe como deveria ser, com disciplina para toda a equipe, período integral e dedicação exclusiva.

Então, em Porto Velho, como se não bastasse a perseguição financeira, ainda queriam nos asfixiar de todas as maneiras, e não há como fugir dessa linha de atuação do sistema: ou você terceiriza o serviço para eles se beneficiarem com o lucro, usando os médicos da cooperativa deles, ou tentarão destruí-lo. Não medem as consequências, nem querem saber o que o paciente vai enfrentar.

O mercado hoje está totalmente corporativo e organizado; algumas especialidades como nefrologia, anestesia e neurologia se fecham, se organizam e dane-se o paciente do SUS. Se a instituição precisar, tem que comer na mão deles, pagar o que pedem.

Esse é o motivo maior para escrever este livro. Desde que decidi expandir o hospital de Barretos, nunca apanhei tanto na vida, nunca encontrei tantos problemas, maldade e "má-fé". Médicos que selecionamos para Jales, para a Amazônia nos são tirados pela medicina privada.

Sofremos isso em Barretos também, embora tenhamos lá um centro de formação com muitos residentes, que suprem nossa demanda quando existe essa carência. Houve, porém, também em Barretos, um hospital do Rio de Janeiro que nos tirou onze médicos de uma só vez, pagando o triplo do que ganhavam, tornando a concorrência impossível.

Tenho imensa facilidade de aceitar tudo o que acontece nesse sentido porque sei que não são médicos com a filosofia do Paulo Prata, não são médicos que vieram pela vontade de Deus. Vieram até nós pelo interesse financeiro, pelo interesse no nosso treinamento, que tem à disposição um dos maiores parques tecnológicos em medicina de câncer da América Latina. Então, para mim, até certo ponto, é compreensível que sejamos uma ponte. Só que as provocações estão passando de qualquer limite, daí a necessidade desse desabafo, porque isso continua. Enquanto eu fazia o Caminho de Santiago de Compostela pela segunda vez, quatro anestesistas nos foram tirados a toque de caixa, e não lhes permitiram sequer cumprir o contrato.

É muito difícil manter uma obra consagrada a Deus e persistir, apesar de tantos obstáculos, porque não é só falta de dinheiro — o que já seria muito — mas o maior combate é contra os lobos vestidos de cordeiros que não se cansam e não medem consequências para alcançar suas metas.

Ainda bem que posso contar com uma equipe ancorada em profissionais como o doutor Carlos Alexandre, pessoas incríveis que chegaram até nós enviadas por Deus.

Isso tudo não é historinha que estou criando para escrever um livro. Estou relatando fatos verídicos com uma dor imensurável, porque me parece que luto sozinho contra poderosos incansáveis, líderes da sociedade, líderes do governo, que são os mais estudiosos, os mais capazes. Então, é uma luta absurdamente desigual.

Ainda tenho alguma esperança de encontrar homens de competência, de caráter, e de coração honesto como José Serra, que normalizou tantas coisas no Ministério da Saúde, no governo de São Paulo, reorganizando o parque tecnológico dos hospitais públicos que estavam totalmente defasados em relação à medicina privada. Em seus anos à frente do Ministério da Saúde, proporcionou equipamentos de última geração a hospitais públicos de quase todos os estados.

Essa situação que enfrentamos hoje precisa ser discutida pela sociedade, pela mídia, porque até mesmo os profissionais da esfera pública não conhecem exatamente essa realidade, já que têm seguro saúde e não vivenciam a decadência da saúde pública.

Tenho falado abertamente sobre essa situação. Concedi até mesmo uma entrevista na revista Veja, no começo do governo Bolsonaro, esperando que as coisas pudessem mudar, que se enfrentasse o privilégio dos subsídios. Porém, nada mudou.

Espero que o alerta que faço aqui possa soar numa sociedade mais justa e mais cristã. É preciso arregaçar as mangas e lutar com mais força contra esse sistema.

Retomando o conflito com a prefeita em Barretos percebi, na ocasião, que por meio dela as coisas não seriam encaminhadas,, então resolvi entrar numa licitação pública quando o contrato com a UPA venceu.

As UPAs foram uma criação do governo do PT que acabaram tirando uma verba essencial do pronto-socorro da Santa Casa sem, no entanto, a contrapartida de mais eficiência. E foi um desastre porque as UPAs têm o poder de acolhimento, mas baixa resolutividade. Quando é algo sério, tem-se que voltar para a emergência da Santa Casa — então, nos tiraram apenas o dinheiro.

E aí entramos na licitação porque, pela análise do nosso gestor de saúde básica, doutor Leonardo, a UPA era outro fator que interferia negativamente no funcionamento da Santa Casa, e se trabalhássemos da forma correta, dado o recurso suficiente de que dispunham, seria benéfico para inúmeros pacientes. A situação nas UPAs era tão caótica que tornou-se alvo de críticas da mídia e de toda a sociedade de Barretos.

Enfim, concorremos e ganhamos a licitação; pusemos o preço mais baixo porque eu queria, de fato, ganhar. Em menos de um mês administrando a UPA, transformamos em agradecimento toda a crítica, todo o descontentamento, toda a ira de uma sociedade. Ganhamos elogios até dos maiores críticos porque simplesmente assumimos a gestão para resolver e resolvemos, mantendo os sete médicos contratados trabalhando, o que raramente acontecia antes quando não havia disponíveis mais do que quatro médicos por dia.

É uma coisa inacreditável o tamanho da desonestidade e da impunidade. O simples fato de administrarmos corretamente a UPA fez aumentar sua resolutividade, aliviando extraordinariamente a Santa Casa. O doutor Leonardo, nosso gestor, com uma administração eficiente, sanou problemas bem maiores.

O que estou narrando são fatos que afetam diferentes especialidades e setores, e são generalizados. Somos uma instituição que faz, sem dúvida, a diferença, assim como fazemos a diferença nos AMEs que administramos. Somos simplesmente os melhores no desempenho médico, em humanização, em tudo, pelo simples fato de sermos honestos. Quando não sabemos, buscamos referência de onde se faz melhor. No caso da saúde pública básica, a referência é o Canadá. Somos a única instituição da América Latina que tem esse selo de qualidade, e alcançar isso foi relativamente simples. Caberia, então, ao governo fazer uma distinção clara entre medicina pública e privada, impedindo truques e fraudes.

Existem Organizações Sociais de Saúde (OSSs) que funcionam muito bem e estão com instituições sérias — como Frei Francisco, São Camilo, Santa Marcelina, Santa Catarina, por exemplo; 70% do serviço filantrópico público do país está nas mãos da igreja católica. Nessas instituições, o paciente é prioridade, está acima de tudo. Então, quando os governos terceirizam para instituições sérias, dá muito certo; quando terceirizam para os lobos vestidos de cordeiro, nada funciona. Até mesmo o Instituto do Câncer do Estado de São Paulo (ICESP),, que José Serra criou com o intuito de fazer um centro público de excelência — com a minha ajuda — virou uma instituição de custo altíssimo. Tem toda a qualidade possível, equipara-se a nós, mas custa 50% a mais que o Hospital de Amor. Quem gerencia é a medicina privada, a elite da medicina. Não há dinheiro que chegue para eles.

"Essa situação que enfrentamos hoje precisa ser discutida pela sociedade, pela mídia, porque até mesmo os profissionais da esfera pública não conhecem exatamente essa realidade, já que têm seguro saúde e não vivenciam a decadência da saúde pública."

Capítulo 7

Bebedouro, São Paulo

Na crise da pandemia, o prefeito de Bebedouro, muito meu amigo, procurou-me querendo concluir um hospital que estava 60% construído. Eu o havia ajudado a buscar esse novo hospital para Bebedouro porque as instalações antigas eram dos anos 1950, com corredores estreitos, teto baixo e não havia como reformar. Insisti, então, junto ao governo Alckmin e conseguimos uma forma de terminar a obra desse novo hospital. No entanto, a lentidão da obra era notória, e depois de uns sete anos, veio a pandemia. Barretos já estava com a capacidade esgotada, então entramos nesse hospital de Bebedouro. Compramos uma fábrica de oxigênio, fizemos uma série de instalações, foram gastos uns três milhões de reais, mas criamos quarenta leitos — vinte de UTI e vinte de clínica — e fizemos o hospital funcionar.

Qual não foi a minha surpresa, porém, quando no começo de 2022, o governo de São Paulo fez uma licitação para completar a obra, quando nós já estávamos lá há dois anos, sem contrato, tocando até a UTI. E quem, surpreendentemente, entra na concorrência, querendo pegar o serviço, na minha vizinhança, não importando quem já estivesse fazendo o trabalho? O hospital Sírio Libanês, rico, milionário e que ainda usufrui das benesses de subsídios financeiros como o Programa de Apoio ao Desenvolvimento Institucional do Sistema Único de Saúde (Proadi). Uma das maiores denúncias que fiz na revista Veja foi sobre os hospitais que atendem 100% em regime particular e compram equipamentos com subsídios por serem "filantrópicos". Além do Sírio, também há o Albert Einstein, o Oswaldo Cruz, a Beneficência Portuguesa, o Moinhos de Vento — os mais ricos e os mais beneficiados. Usam o próprio imposto de renda em seu benefício, ainda contam com a facilidade de pegar dinheiro dos impostos de terceiros, concorrendo conosco, que somos 100% públicos. Compram equipamentos de última geração, podendo modernizar o próprio parque tecnológico a hora que quiserem para atendimento 100% particular.

Usando a lei que criou o chamado Programa Nacional de Apoio à Atenção Oncológica (Pronon), as instituições que já eram favorecidas de várias formas ainda poderiam comprar equipamentos, beneficiando-se desse projeto. Todos os hospitais se equipam com tecnologia de última geração para atender apenas à clientela particular.

E nós, os públicos, precisamos concorrer com eles, que têm incomparavelmente mais força e recursos. Não se pode pagar o custeio do hospital com a verba do Pronon, e como eles não precisam, só fizeram constar na lei a possibilidade de compra de equipamentos.

Então, nos demos muito mal. Essa história me deixou extremamente revoltado. O Pronon durou cinco anos e enriqueceu demais os hospitais privados. O poder que a medicina privada tem é algo que ninguém imagina, e pelo que me lembro, insisto, só com um único homem, o ministro José Serra, ela não deu as cartas.

Portanto, as coisas poderiam ser bem melhores. Bastaria vontade política e o homem certo no lugar certo, mas estou há trinta e três anos nesse segmento e só vi despreparo ou má-fé.

E agora, com tanto tempo de luta, sinto-me no direito de me abrir contando tudo isso. Apesar de já ter dado várias declarações públicas com esse teor, estou relatando, neste livro, a luta do sistema público de saúde contra esse *status quo*. Como sistema público de saúde, não me refiro a governos estaduais, federais ou municipais. Estou falando de 80% da população que depende desse serviço e que sofrem e são humilhados, quando uma gestão honesta poderia solucionar de forma relativamente fácil toda a situação. Eu não conheço a dimensão da fome neste país chamado Brasil, mas sei a dimensão das pessoas que morrem nas filas, dependentes da saúde pública. E posso afirmar que é muita gente.

Por isso tudo, tenho que escrever este livro para poder dormir em paz com minha consciência. Sei que faço a minha parte e sei que faço como ninguém nunca fez antes. Tenho, porém, que lutar incessantemente contra o sistema, preciso denunciar seus equívocos para que a sociedade que esteja em comunhão com Deus possa sentir essa revolta e se juntar a nós nessa luta.

Capítulo 8

Palmas, Tocantins

A o longo de minha experiência, surgem os acontecimentos de Palmas, no Tocantins, e de novo fica evidente a atuação dos lobos vestidos de cordeiros.

Fachada do Hospital de Amor em Tocantins.

Dois empresários e uma arquiteta resolveram vender a ideia de que, se levássemos o Hospital de Amor para Palmas, seria um enorme ganho para a população que dependia do sistema público de saúde, já que havia carência absoluta na área do câncer. Tanto que uma parte considerável dos doentes do Tocantins buscava tratamento em outros estados, até mesmo em Barretos.

De fato, essa arquiteta, Mônica Avelino, procurou-me — uma pessoa muito querida lá em Palmas — e chegou a Barretos com esses dois empresários:

"Eles estão dispostos a doar, cada um, um pavilhão para dar início às obras. Podemos replicar em Palmas o exemplo de Porto Velho."

Eu me dispus, então, a ir até lá para não pecar pela omissão. E assim o fiz. Ao chegar, fomos direto ver o terreno, que era do outro lado da cidade, depois de uma represa imensa, a uns vinte quilômetros de distância, no fundo do loteamento que estavam iniciando.

"Aqui tem a áreade que você precisa, Henrique. São 100 mil metros quadrados para a construção do hospital."

"Vejam, aqui há um problema, a localização; metade ou até mais do nosso público-alvo vem de ônibus, não dispõe de carro, então, o hospital deve ser próximo à rodoviária para facilitar o acesso e próximo de uma estrutura de apoio para eles. Vocês estão lançando um loteamento, iniciando um projeto, e eu não posso, de forma nenhuma, colocar o carro na frente dos bois. Como é que vamos fazer um hospital aqui?".

Não havia água, nem energia, e nem mesmo boa intenção, porque ficou perceptível que estavam querendo valorizar o próprio loteamento.

"Mônica, vim até aqui achando que seria uma proposta real, visando a ajudar, mas eles querem é valorizar o que é deles. Como vamos trazer pacientes da rodoviária para cá? É impossível começar qualquer coisa aqui."

Apesar da frustração, eu queria entender como funcionava o serviço de câncer por lá e constatar por mim mesmo o tamanho do problema, porque era necessário, mais uma vez, descentralizar e aliviar Barretos. E disse aos empresários: "Olhem, já que estou aqui e conheço o governador Marcelo Miranda, vou falar com ele e ver como ele se posiciona, pois anteriormente ele já havia me pedido para fazer uma análise diagnóstica sobre a área de câncer daqui".

Ligamos para ele, que nos atendeu na hora, com uma recepção calorosa que me surpreendeu.

"Apesar da frustração, eu queria entender como funcionava o serviço de câncer por lá e constatar por mim mesmo o tamanho do problema, porque era necessário, mais uma vez, descentralizar e aliviar Barretos."

"Governador, empresários de Palmas me ofereceram um terreno e verba para dois pavilhões de um hospital a ser construído aqui. Eu estava bem animado, mas acabei perdendo tudo porque não posso aceitar a localização do terreno, e lhes expliquei as razões. Como sua estrutura na área do câncer é precária, você poderia estudar a situação e ver o que pode ser feito."

"Henrique, foi uma bênção sua vinda. Faz dois anos que nos falamos na Festa do Peão de Barretos e continuo querendo melhorar a nossa estrutura aqui. Vamos, portanto, doar o terreno de que você precisa."

E ainda me deu a possibilidade de escolher um de três lugares na cidade, o que me deixou muito bem impressionado. Ele me mostrou em um mapa os terrenos disponíveis, e um deles era próximo à rodoviária. A localização era ideal, mas era pequeno, tinha apenas cinquenta mil metros quadrados e seria necessário o dobro. Então, ele me disse que a prefeitura dispunha de uma área contígua que eu poderia conseguir com o prefeito.

"Ok, o senhor me ajuda nisso?"

"Veja, não sou muito amigo do prefeito, mas garanto que se você vier para cá as pessoas vão se interessar, todo mundo vai doar, todos vão ajudar."

Então, justifiquei-me com os empresários:

"Infelizmente, seu terreno é inviável para o hospital, mas vocês mostraram tanta boa vontade que não vamos prescindir da sua ajuda. Quero saber se posso contar com os dois pavilhões prometidos para a quimioterapia e para o ambulatório."

Eles me garantiram que sim, e as coisas começaram a andar.

Tenho um grande amigo que mora numa fazenda lá perto de Palmas, o Rubiquinho Carvalho, também amigo do prefeito, e com a ajuda dele, a outra parte do terreno foi conseguida praticamente no mesmo dia. Fechamos, assim, os oitenta mil metros quadrados necessários.

Nossos hospitais obedecem a um projeto padrão, e então pedi à arquiteta Mônica que apenas fizesse as necessárias adequações ao terreno. No entanto, quando fomos realmente dar início às obras, onde estavam os dois empresários?

"Ah, eles estão aí e vão atendê-lo depois do almoço..."

Mas não, nem depois do almoço, nem no dia seguinte... sumiram. O negócio deles era somente o próprio interesse, que nada tinha a ver com benemerência.

Eu, porém, tinha que seguir. Quando conheço a miséria de um lugar, o serviço errado e as carências, automaticamente me sinto responsável por corrigir aquilo. É interessante, não consigo mais virar as costas e me eximir. Apesar de saber que as coisas vão ser sempre iguais, com os mesmos embates, as mesmas dificuldades em toda a cadeia, não posso desistir. Coisas inesperadas, porém, podem acontecer para aumentar as dificuldades. Nos sessenta dias iniciais, cassaram o mandato do governador Marcelo Miranda e voltei a ficar órfão porque nele eu vira convicção, firmeza para fazer as coisas acontecerem. Eu estava confiante de que ele convocaria empresários e me apresentaria, seria meu anfitrião. E o que deu? Deu tudo errado! Cassaram-lhe o mandato e eu fiquei certo de que a luta seria desigual, muito mais difícil. Mas... por que eu viera até aqui? Qual seria o propósito de tudo isso? E senti que poderíamos fazer a diferença na vida de tantos pacientes, aproximando-os do tratamento, poupando-lhes um deslocamento de milhares de quilômetros, tanto do Tocantins, como do Pará, do Maranhão, do Piauí...

O que mais me deixa indignado é que todos sabem que o doente de câncer precisa fazer o tratamento inteiro no mesmo lugar. O poder de acerto se deve também ao acompanhamento de uma mesma equipe. Então, se você começa em um lugar e manda para outro, a chance de dar errado é enorme e o doente vira um andarilho em busca da continuidade do tratamento, com chances de cura cada vez menores.

Exponho isso porque o governo federal tinha feito um plano de "expansão" para disponibilizar radioterapia a vários estados. É uma coisa extremamente importante, necessária, mas não da maneira política como foi executada. Hospitais estaduais ou federais que não tratam câncer receberam um aparelho de radioterapia quando nem mesmo praticavam medicina de alta complexidade e, consequentemente, acabavam fatiando o tratamento. Foi um desperdício, um desastre.

Procurei, então, o novo governador e, ao mesmo tempo, fui ao Ministério da Saúde: "Olhem, estou assumindo a implantação de um centro de referência não só para o estado de Tocantins, mas para todo o norte do país e queria pedir a compreensão de vocês para que repensem o envio do aparelho de radioterapia ao hospital do estado. Como vamos abrir um centro completo com começo, meio e fim do tratamento, sem esse aparelho vital? O nosso objetivo é evitar um serviço fatiado, em que um paciente comece o tratamento num lugar e termine em outro".

E foi uma luta animal, tão violenta que chegamos a pensar em reunir municípios da região para impedir que descarregassem o aparelho, caso fosse entregue. O ministério da saúde tinha me alertado: "Olhe, Henrique, o aparelho já está designado para o hospital do estado. Você tem que pedir ao governador que nos envie um documento cancelando o envio para lá".

"Preciso, então, agir rápido, porque não posso, depois de construir o prédio, voltar a discutir o assunto. Se não houver condições de fazer o que é certo e for para fazer essa meia boca que saiu daqui do ministério, eu...".

E disse tudo o que estava entalado. "O projeto é fazer tudo, nós estamos pedindo tudo, um centro de alta complexidade, de referência, não é para fragmentar; então vamos acertar esses pontos para não começarmos uma guerra aqui."

E claro, eles não gostaram. Disseram que eu atropelo, que sou arrogante e inconsequente por "peitar" a ordem do rei. Mas as portarias eram só políticas, com o único intuito de benefício político. O mérito de cem aparelhos de radioterapia terem sido distribuídos no país é indiscutível, extremamente louvável e importante, mas enviá-los para qualquer lugar é irresponsável. Isso precisava beneficiar os hospitais que tratassem de câncer, em cada estado, para que as condutas fossem unificadas. É muito mais eficiente e humano operar o paciente no centro de referência e lá, ou o mais próximo possível de sua cidade de origem, fazer a rádio e a quimio. E toda a cadeia deve estar comprometida com o paciente e se responsabilizar por encaminhá-lo. Esses serviços que se abrem isoladamente não têm o menor compromisso com protocolos de primeira linha. É mais ou menos assim: se é para pobre, está bom demais.

E essa luta foi interessante, pois fui muito firme porque já estava desgastado com o ministério. Foi muito extensa, mas vale a pena ser contada.

Como no ministério exigiram o documento assinado pelo estado abrindo mão do aparelho, tive de solicitá-lo ao novo governador, que se prontificou a emitir. Só que entre falar e agir, 60 dias se passaram e eu não tive notícias.

Comecei a telefonar e ele nunca atendia; aquilo me pareceu muito estranho, pois ele facilmente concordara e me parecera um homem esclarecido, um homem de bem. Foi, no entanto, protelando, pedindo-me para esperar. O tempo foi correndo e nada.

Já planejando uma coletiva de imprensa, voltei a falar com ele num tom mais firme: "Governador, o senhor pode até não assinar, mas vai me deixar sem alternativa a não ser denunciar agora, na imprensa e nas redes sociais, o que está acontecendo. Não seguiremos com essa obra se as coisas se repetirem como em Rondônia com as mesmas dificuldades, o mesmo trauma".

Eu tinha força para criar um caos político e, nessas horas, é preciso ter consciência de que um cidadão, um político que não quer o bem público, tem que ser exposto publicamente. E como não sou político, não tenho paciência para muita articulação, ponho na frigideira quente e frito na hora.

E encerrei: "É agora ou nunca; se isso não sair vamos entrar numa via de divergência hoje".

Sob pressão, ele assinou o documento e mandamos imediatamente para o ministério. Achei, então, que tudo estava resolvido e que seria necessária apenas mais alguma manobra no ministério para as coisas serem concluídas. Tínhamos a oferecer uma obra de alta complexidade, um centro de 50 mil metros quadrados de área construída só para câncer, não um beco qualquer, uma sala onde se alocasse um aparelho de radioterapia. Uma iniciativa que só traria benefícios para a população do estado, além do ganho político para o governador.

E na espera pelo Ministério da Saúde, quando achei que o equipamento estava seguro, houve a troca do ministro. Depois de um tempo de espera, o novo ministro, Marcelo Queiroga, telefonou-me e disse: "Prata, tem alguma coisa nessa sua questão que não está condizente. O governador esteve aqui com o secretário e toda a equipe de Tocantins, me pediu para revogar o documento assinado e enviar o mesmo aparelho para o hospital do estado".

Fiquei abismado, não querendo acreditar, e insisti para que ele confirmasse se realmente tinha ouvido aquilo da boca do próprio governador. "Ouvi sim, falou na minha mesa. Então, você precisa repensar para não construir uma obra inútil."

Sempre fiquei embasbacado com a facilidade com que descartam uma obra que só traria benefícios à população... No entanto, como parar, se tudo já estava decidido? O aparelho custaria um milhão de dólares, a construção civil em torno de sete a oito milhões de reais. Estávamos falando de um investimento em torno de 15 milhões de reais, feito com dinheiro da União, e parecia que estava tudo acertado.

Antes disso, quando o documento assinado pelo governador chegara às mãos do ministro, ele me advertira: "Henrique, o Ministério não pode construir no terreno da sua fundação, que é privada, mesmo que lá só atendam pacientes do SUS".

Aquilo era de uma incoerência inaceitável. O estado me dera um terreno, tínhamos convênio com esse mesmo estado para atendimento 100% pelo SUS e não poderíamos construir no terreno que o estado nos deu? Foi aí que respondi: "Então, o que devo fazer?". O ministro respondeu: "Você tem que devolver o terreno para o estado, e aí sim é possível resolver".

Na mesma hora, mandei o engenheiro para lá, cortamos a porção de terreno que o estado nos dera e devolvemos. Mas, não foi tão simples. Devolvido o terreno ao estado, em definitivo, o governador e o secretário foram até o ministério comunicar que agora quem não queria que o hospital fosse construído no terreno do estado eram eles, o próprio estado. Imaginem essa situação: as máscaras foram caindo e os interesses se revelando.

O incrível dessa história é que já existia no estado um serviço privado de radioterapia, que deveria ter o direito ao aparelho desde que fosse um centro completo, um centro de referência que tivesse toda a cadeia de tratamento. O que há de errado na condução da saúde pública voltada ao câncer no país é que a maioria dos serviços só fornece radioterapia e quimioterapia, o que não dá prejuízo. Se forem malfeitos, dão lucro; se feitos no rigor do protocolo, não dão dinheiro, mas também não dão prejuízo, e isso favorece a aquisição de mais contratos.

O incômodo foi de tal ordem e se uniram tantas forças no processo que invalidaram até mesmo a assinatura de um governador e se aproveitaram da devolução do terreno para anular tudo o que fora combinado. Nem disfarçaram o objetivo final: não queriam o aparelho no hospital de câncer, um centro completo de referência. Queriam enviá-lo para onde estivesse sob seu controle e usufruto.

Quando o ministro, muito gentilmente, relatou-me os fatos, encerrou o assunto de forma não tão gentil assim: "Henrique, a partir daqui, ficou impossível, você não tem mais chance".

"Ministro, saiba que ainda não desisti e tenho uma saída que pode atrapalhar o estado. Vou pegar em torno de dez milhões no banco, construir a radioterapia e chegar primeiro. Quem vai ganhar essa parada é quem conseguir o credenciamento, e não vou perder a corrida agora. Se o senhor me ajudar atrasando um pouco a liberação da verba ao estado, farei a minha parte em caráter de urgência."

Quando o ministro afirmou que eu havia perdido, meu sangue ferveu, e meu lado impulsivo aflorou. Pedi dez milhões emprestado ao banco, agilizei os trâmites legais com a ajuda de um senador amigo e enviamos a verba ao governo do Tocantins. O incrível é que o terreno não era mais do Hospital de Amor e, ainda assim, investi 10 milhões num terreno do estado. Em 10 meses, levantamos as paredes da cassamata, de dois metros e vinte de espessura, usando um milhão e duzentos mil metros cúbicos de concreto. A corrida, agora, era entre cavalos puro sangue, e quem tivesse mais raça, chegaria na frente.

Eu sabia que estava fazendo a coisa errada, mas precisava fazer. Tinha a convicção de que podia ser errado pela lei dos homens, mas era certo perante Deus. Eu não ia lhes dar a chance de repetir os mesmos erros.

Interessante salientar como no tempo de Deus as coisas aparecem do nada, do impossível. O governador e seu secretário de saúde caíram do dia para a noite. Ambos foram cassados quando já estávamos com a obra quase pronta e apta a funcionar. O vice-governador, um homem de bem e comprometido com a causa do câncer, assumiu, e o verdadeiro milagre se concretizou, creio que por intercessão do Espírito Santo. Eu tinha tido a força, a imaginação e a coragem que ninguém teria para construir aleatoriamente em um terreno que não era nosso, arriscando milhões de reais. Não havia, porém, outra saída, tive que fazer isso. A minha chance, por menor que fosse, mesmo com aquele governo, era gerar um desconforto político para o próprio estado, esperando que a sociedade ficasse do meu lado.

E eu que achava que nunca mais passaria por algo parecido com o que acontecera em Porto Velho, vi a história se repetir com os mesmos ingredientes, os mesmos personagens e o mesmo poder. Invalidaram um documento com a assinatura de um governador que, às vezes, tem que vender a alma no jogo político.

Talvez ingenuamente, eu esperava que o governador estivesse do meu lado nessa briga de facas, defendendo-me e garantindo à população uma obra que só lhe traria benefícios.

A bancada federal do estado nos deu o aval para a implantação da prevenção — dos aparelhos à carreta —, tanto para Palmas como para Araguaína. Entramos com duas unidades móveis para fazer o rastreamento da população do estado inteiro, um negócio super organizado, apoiado, a princípio, pela bancada federal e, mais tarde, também pela estadual, quase uma unanimidade.

São fatos inacreditáveis! E tenho a necessidade de escrever este livro para relatar o que é a minha vida nos bastidores, minha luta, minhas decepções e minha convivência com os lobos vestidos de cordeiro. São poucos os que não aceitam a facilidade de um acordo medíocre e têm a coragem de ir até às últimas consequências como eu tenho.

Enfim, no dia 31 de janeiro de 2022, conseguimos vinte milhões de reais para o estado, mas ainda em setembro, o dinheiro continuava parado. A burocracia emperrou o processo e não pudemos comprar equipamentos necessários para a parte de imagem, que é importantíssima; os equipamentos não foram licitados e as coisas não andaram quando, em se tratando de câncer, deveriam correr, já que o tempo pode ser a diferença entre vida e morte. Para mim, sobra uma enorme frustração, mas eu não desisto!

Hospital de Amor em Tocantins.

O relato de toda essa dificuldade na licitação, que se arrasta há doze anos, mostra a luta sem trégua nesse nosso esforço de descentralização que, apesar de tudo, tem surtido efeito já que chegamos hoje a dezesseis estados.

Então, fica-se imaginando o que há por trás de tanta morosidade. Ignoram a existência real de três mil pacientes do Tocantins e de mais três mil da região, que se deslocam para fazer o tratamento em Barretos, sofrendo, andando milhares de quilômetros, só porque um simples papel tem que ser licitado, assinado e as coisas não andam? É um desespero assistir impassível à burocracia deste país, no qual as pessoas que elaboram as portarias e leis não se tratam pelo sistema de saúde que eles próprios criaram para os pobres.

Há, atualmente, e reconheço que em razão da Lei de Responsabilidade Fiscal e da ação do Ministério Público, uma resistência natural para assinar qualquer projeto. Há o lado bom da fiscalização, mas aumenta a burocracia e a demora.

Uma das maiores queixas que eu tenho é que, durante todo esse tempo de luta, a política sempre esteve acima de tudo, determinando os administradores dos serviços públicos, nem sempre os mais competentes, mesmo que tenham títulos, um bom currículo ou a melhor formação acadêmica. Tais gestores, porém, não enxergam o paciente em si, com sua carga de sofrimento e vulnerabilidade. Então, é muito triste. Fico decepcionado com a mentalidade dos políticos que acham que ministros e secretários de estado têm que ser sempre pessoas da elite e da burguesia deste país. Esquecem que, além da qualidade técnica, é necessária uma dose enorme de empatia. A elite que, quando adoece vai para os melhores hospitais dispondo de tratamentos de ponta, não deveria participar da elaboração de protocolos ou leis que impactassem a saúde pública — um departamento que não conhecem, onde não se tratam! E há uma diferença ridícula entre o tratamento do câncer na saúde pública e na saúde privada.

As coisas não funcionam no serviço público porque os interesses são, acima de tudo, partidários, e dane-se o SUS, dane-se o usuário do serviço público.

Não posso, porém, deixar de relatar surpresas muito boas neste país tão desonesto. Foi o caso de um senador do Tocantins chamado Eduardo Gomes, que conheci e que se dispôs a nos ajudar. Ele havia perdido o pai e alguns familiares devido ao câncer e, por isso, o nosso projeto lhe era muito caro. Um assessor dele, Cleyton, que é cantor sertanejo, procurou-me, dizendo que o senador gostaria de se encontrar comigo.

Achei que, certamente, seria mais um a prometer, criar expectativas e sumir. Mas não. Ele me chamou num canto no próprio senado, numa reunião informal, sentamo-nos um de frente para o outro e assim foi nossa conversa: "Olhe, até hoje não nos conhecíamos, nem participei das primeiras reuniões no meu estado, mas quero que saiba que sou seu parceiro e estou do seu lado".

"Preciso de ajuda politicamente; estou enroscado com o governador e com inúmeros problemas."

"Isso é outra coisa que vamos fazer andar; eu sou muito bom negociador." Ele era líder do governo Bolsonaro no Senado, um articulador nato e de fato fez o que combinara. E a surpresa maior foi que nos prometeu dez milhões e cumpriu de imediato. Depois, mais dez milhões e, em seguida, mais vinte milhões e também cumpriu imediatamente. Fui ficando impressionado porque dava para perceber que, de forma alguma, ele estava agindo para aparecer ou se valorizar.

Surpreendentemente, o senador não pediu nada em troca, absolutamente nada, foi só agindo, e com os recursos que nos forneceu fizemos toda a parte da radiologia intervencionista, um investimento de 20 milhões de reais na construção e de mais 20 milhões de reais em equipamentos.

Depois de tantos obstáculos, a providência nos enviara um homem com essa alma, com essa boa vontade. Em seguida, também o governador nos surpreendeu, liberando, já no primeiro mês, as emendas da bancada estadual de 2018 e, seis meses depois, as de 2019 que estavam praticamente paradas há dois, três anos. E o hospital foi tomando corpo!

Foi estimulante constatar que há bons homens na política e no poder, o que nos faz não desistir da luta.

"O que mais me deixa indignado é que todos sabem que o doente de câncer precisa fazer o tratamento inteiro no mesmo lugar. O poder de acerto se deve também ao acompanhamento de uma mesma equipe."

Capítulo 9

Araguaína, Tocantins

Graças a Deus, atualmente também estamos descentralizando para o Nordeste do país e nosso organograma prevê que, inicialmente, entraremos com a prevenção. Pouco valor é dado à prevenção do câncer, porque há poucas pesquisas no país sobre os benefícios da prevenção. Mesmo o próprio INCA não possui estatística nessa área. No entanto, sabemos que a prevenção é crucial e modifica a região afetada pelo câncer — em cinco anos, a incidência do câncer avançado cai de 70 para apenas 2%. Cai na vertical, e é o único tratamento verdadeiro. Por isso, a prevenção deve vir na frente quando fica decidido que levaremos nosso projeto a um novo lugar. Isso foi comprovado no estado do Tocantins, onde pela consciência e ajuda de sua bancada federal de deputados, nosso projeto de prevenção foi recentemente implantado com muito sucesso em Araguaína.

O prefeito da cidade, Ronaldo Dimas, que coincidentemente foi meu amigo de juventude, havia anteriormente chamado o Hospital de Amor para ajudá-lo com um serviço de reabilitação. Sua cidade havia recebido uma emenda da senadora Kátia Abreu para construir um Centro Especializado de Reabilitação (CER) que, infelizmente, encontrava-se fechado há dois anos devido à ineficiência da administração pública. A cidade tinha um centro muito bem equipado, que estava sem funcionar, e a verba de custeio parada na conta da prefeitura estava em vias de ter que ser devolvida ao governo federal. Vejam vocês, um centro de reabilitação, que é um serviço dos mais bem pagos pelo SUS, nos moldes do Hospital Sarah Kubitscheck, que é referência na área... parado.

O Hospital de Amor foi consultado e, com a ajuda de um médico radioterapeuta da nossa equipe de Barretos, conseguimos pôr o centro para funcionar, oferecendo reabilitação de qualidade para a população. Esse médico, que era chefe da nossa equipe de radioterapia, decidiu interromper sua carreira nessa área e se envolver com o serviço de reabilitação. E foi uma linda história, pois ele também era deficiente; poucos sabiam que ele não tinha um pé e que sofrera muito quando criança. Ele tomou essa decisão após assistir ao sermão do padre na missa de aniversário de morte do meu pai e ter ficado extremamente motivado. Acreditou que poderia ser mais útil como gestor de reabilitação e não hesitou em sair da sua zona de conforto. Ele mesmo me relatou essa história e não tive a menor dúvida em aceitar o doutor Daniel Marconi que, de maneira muito eficaz, colocou aquela máquina parada para funcionar e evitou, para alívio do prefeito e da população de Araguaína, a devolução da verba vinculada. Minha única exigência foi que tudo funcionasse como no Hospital de Amor, com sua qualidade técnica e empatia.

O doutor Daniel é um homem extremamente temente a Deus, muito religioso, como eu. Minha equipe mais próxima tem a mesma concepção de fé e a mesma necessidade de buscar constantemente aliança com Deus. Nós abraçamos essa causa, também temos esse serviço em Barretos e tivemos um êxito impressionante. Já alcançamos metas superiores ao que foi determinado pelo próprio serviço, encaramos o desafio de levar esses centros para Porto Velho e, além dele, estamos estudando outros mais porque vimos que dá para fazer um serviço de qualidade com o dinheiro que o SUS paga. Como essa tabela veio depois, são novos processos, novas referências, estão pagando relativamente bem e dá para praticar reabilitação no serviço público com uma qualidade idêntica à da medicina privada. Barretos, por exemplo, tem atualmente, também nessa área, equipamentos que boa parte da medicina privada da capital de São Paulo não tem.

E temos vários conceitos de reabilitação que não existem na medicina pública, nem mesmo no hospital Sarah Kubistchek, no entanto, com o dinheiro que pagam, todos os centros da área poderiam praticar.

"E sim, sigo gerando polêmica até por dever de ofício, já que estou dentro da saúde pública há trinta e três anos. Eu tenho uma história de luta que me permite falar o que eu quiser, falar o que vejo e o que sinto, e as pessoas tementes a Deus entenderão minhas razões quando lerem."

Posso estar sendo leviano, mas parece que acham desnecessário aumentar o nível de exigência quando se trata de serviço público.

O próprio hospital Sarah Kubistchek devolve todo ano o dinheiro que sobra do orçamento porque não consegue gastar, embora não tenha uma reabilitação de refino, como poderia, seja na parte esportiva, seja na parte de trabalho ou na parte de lazer. E é uma pena. Não se discute que o Sarah Kubistchek é o melhor em termos de reabilitação, mas devolver dinheiro do orçamento quando há propostas e equipamentos que nós temos e que o Sarah não tem, não consigo entender. Parece que estão por trás os lobos vestidos de cordeiro pensando assim: "Não!... Fazer tudo também não... Faça aí 90% que já está ótimo. Se querem ter um refino para voltar a competir em olimpíadas, se querem voltar a fazer algo de ponta, que procurem a medicina privada. Para o público do SUS não precisa de tanto".

Em resumo, um dos melhores serviços da América Latina poderia fazer muito mais, poderia ter todos os equipamentos de ponta, de última geração. Por que devolver dinheiro do orçamento? Isso não entra na minha cabeça.

E assim, a própria medicina privada também não concorre conosco. Por isso, essa obra tem a benção de Deus, somos o que somos, fazendo o melhor igualmente para todos.

O dinheiro público não é do presidente, do governador ou do ministro. E pelo menos cada estado deveria ter um centro de excelência, um Centro Especializado em reabilitação (CER) com mais capacidade de atendimento.

E sim, sigo gerando polêmica até por dever de ofício, já que estou dentro da saúde pública há trinta e três anos. Eu tenho uma história de luta que me permite falar o que eu quiser, falar o que vejo e o que sinto, e as pessoas tementes a Deus entenderão minhas razões quando lerem.

Somos todos filhos de Deus e merecemos, todos, ser igualmente tratados. Nesse meio tempo em que estávamos estudando a proposta do prefeito de Araguaína para assumir o centro de reabilitação, recebi um telefonema que nos levou a vivenciar uma situação extremamente grave.

Uma juíza federal me ligou, em Barretos, pedindo apoio para esclarecer por que a nova máquina de radioterapia, instalada em Araguaína, como parte daquele plano de expansão do governo — projeto cuja maneira de execução eu tanto criticara — e que tinha capacidade de atender a setenta pacientes por dia, estava atendendo a apenas vinte.

"Olha, Henrique, eu gostaria que você nos mandasse alguém para fazer uma avaliação porque estamos indignados. Temos uma máquina de um ano de funcionamento com um rendimento baixíssimo, temos que enviar pacientes a vários outros lugares para completar o tratamento e estamos sem entender o que está acontecendo. Queremos saber se o defeito é da máquina ou se a operação está errada."

"Doutora, ajudo com o maior prazer, mas vou tentar adiantar para a senhora. Há serviço privado de radioterapia aí?"

"Tem, sim."

"Então, que eu saiba, eles vão impedir que as novas máquinas do governo rodem com pleno potencial porque antes de elas chegarem já deveria haver um contrato com o serviço privado. Não é possível que a máquina, sendo nova, fabricada por uma empresa norte-americana idônea, já esteja apresentando defeito. É muito mais provável que esteja havendo um boicote para evitar concorrência. Vou mandar até aí alguém que possa fazer uma avaliação e acabar com as dúvidas."

Pedi ao doutor Daniel, que estava trabalhando com gestão mas entendia de radioterapia, que fosse até lá e nos desse um diagnóstico preciso. Eu estava fazendo um prejulgamento, pois conheço o interesse da medicina privada, mas poderia estar errado.

Ele foi, então, acompanhado pela juíza, diretamente ao local onde estava o serviço de radioterapia. Lá, foram impedidos de entrar por causa de uma ameaça inacreditavelmente absurda. Uma pessoa veio lhes avisar que o prédio estava sendo banhado por gasolina e que se ousassem fazer a avaliação da máquina e permanecessem no local, eles queimariam o prédio!

E o mais gozado é que eu estava em uma reunião muito importante quando ele me ligou contando essa história louca e querendo saber o que devia fazer.

"Caramba, isso é uma pegadinha? Alguma brincadeira? Você está acompanhado de uma juíza e liga para mim? Ela tem que agir, chamar o exército, chamar a polícia, sei lá. Eu não acredito... Por que você não pergunta a ela qual a solução, o que devem fazer? A única coisa que sei é que vocês estão do lado da lei e que, com essa atitude, eles estão tornando indubitavelmente claro qual o "defeito" da máquina. Então, não me pergunte o que é preciso fazer. Pergunte à juíza se ela vai tomar alguma providência!"

"Henrique, eu tenho filho para criar, estou com medo."

"Não adianta, Daniel, você está com a lei, se a lei determinar que você saia, tudo bem. Mas sair correndo sozinho, você não pode".

Foi a coisa mais bizarra, mais louca que eu já vivi na minha vida.

Então, dá para imaginar o tamanho dessa força que tem o poder de inibir, de coagir a própria lei? O interesse financeiro é tão violento, que não lhe interessa um serviço de qualidade que diminua o tempo de fila para erradicar células cancerosas remanescentes da remoção cirúrgica de um tumor. É inaceitável que a máquina de radioterapia, que agilizaria o processo fazendo setenta atendimentos por dia, esteja fazendo apenas vinte para não gerar concorrência.

Na minha avaliação, constatada a fraude, o contrato com esse serviço tem que ser rompido para que outra empresa tenha a chance de operar honestamente e cumprir as metas estabelecidas para um aparelho de um milhão de dólares.

Foi uma situação extrema, que me provocou uma enorme indignação. A juíza recuou e pediu um prazo para tomar as medidas cabíveis, mas não nos retornou querendo outra avaliação. Não sei a quais pressões ela teve que se curvar quando a outra parte estava disposta a incendiar um prédio.

Nas grandes mídias, fatos como esse não são noticiados, não se fala sobre isso, no entanto, continua a ocorrer com uma frequência perturbadora. E esse é um relato completamente fora do normal, por isso, não posso me calar; tenho que colocar essas histórias no papel para conscientizar pessoas de boa-fé de que a luta é enorme, sem trégua, e precisamos de mais parceiros para, juntos, atenuarmos tantas injustiças.

"Eu tenho uma história de luta que me permite falar o que eu quiser, falar o que vejo e o que sinto, e as pessoas tementes a Deus entenderão minhas razões quando lerem."

Capítulo 10

Aracaju, Sergipe

Essa outra história que surgiu praticamente do nada aconteceu em Sergipe, em 2019, no momento em que o novo governo estadual assumia. Não haviam passado nem 90 dias, quando o vice-governador me ligou perguntando se eu poderia recebê-lo com uma comitiva de representantes de todos os poderes de Sergipe para conhecer o modelo de Barretos, que desejavam implantar na área de câncer no seu estado.

Visita do Governador de Sergipe e comitiva
ao Hospital de Amor em Barretos.

Quando terminamos o segundo dia de visita às nossas instalações, ele estava com os olhos cheios de lágrimas e muito motivado a transformar a estrutura de tratamento de câncer do seu estado que, além de precária, era compartimentada, o que impedia um tratamento eficiente, completo, e ele me disse que minha ajuda seria essencial.

"Governador, sem dúvida posso fazer o que o está me pedindo. Tenho interesse no estado cuja história está entrelaçada à da minha bisavó e onde, por esse motivo, já implantamos inicialmente a prevenção." Expliquei que o organograma do nosso projeto prevê levarmos o serviço de prevenção ao câncer de mama e colo de útero antes de instalar o hospital propriamente dito, o que já tínhamos em Sergipe.

E continuei: "Tenho o maior prazer em ajudar, mas o senhor precisa estar disponível em Aracaju, por dois dias, para andar comigo; aonde eu for e o que eu vir, o senhor tem que ver também... Se ambos enxergarmos a mesma coisa, e já vi que o senhor está aqui de boa vontade, talvez possamos formar a mesma opinião e tomar decisões de comum acordo, o que me traria muito mais segurança".

Ele ainda ficou por mais três dias em Barretos, conhecendo todas as instalações do hospital, e todos se emocionaram com o que viram.

Logo em seguida, fui para Aracaju. E foi muito interessante constatar que o primeiro serviço de radiologia de lá, num determinado hospital, havia sido implantado por meu avô, que trouxe essa expertise de Santos, onde já atuava na área. Para mim foi emocionante saber que meu avô fizera aquilo há mais de sessenta anos e que, sem dúvida, aquela era uma ponte que nos unia. Durante a nossa visita ao hospital, que tinha quatrocentos leitos, eu não vi nenhum serviço de imagem, que é super importante no diagnóstico de câncer, não vi ressonância, tomografia, ultrassom, raio X, nada. Foi inacreditável! A gestora do hospital se justificou dizendo que não tinham essas instalações porque usavam os serviços privados conveniados. Fiquei pensando, já desconfiado, se também encontraria ali o que existia em outros tantos lugares e lhe perguntei: "Governador, como assim? Nós estamos num hospital de quatrocentos leitos que trata câncer, tem alta complexidade, urgência e emergência e não tem departamento de imagem?".

Daí a gestora interferiu: "Temos, sim, os aparelhos necessários, mas ainda não foram instalados".

"Quando terminamos o segundo dia de visita às nossas instalações, ele estava com os olhos cheios de lágrimas e muito motivado a transformar a estrutura de tratamento de câncer do seu estado [...]."

Eu quis vê-los e, acompanhado do governador, descemos ao porão. Qual não foi a minha surpresa ao constatar que havia lá, há uns cinco anos, ainda encaixotados, aparelhos de tomografia, de Raio X, de ultrassom, enfim, todo o necessário para um departamento de imagem.

Centro de Nefrologia de Aracaju.

Equipamentos do Centro de Nefrologia de Aracaju

Houve um plano de expansão no governo do presidente Lula e vários equipamentos para esses serviços de alta complexidade foram doados. Havia, no hospital, um espaço pronto para alocar os aparelhos. Tudo praticamente se deteriorando, não só os aparelhos como as instalações. A imagem desse lugar vai constar do livro para que não se pense que estou exagerando ou inventando coisas sobre o maior e mais importante hospital de lá.

O governador que me acompanhava também ficou, como eu, indignado de ver importantes equipamentos doados ao estado na gestão anterior, da qual ele também fizera parte, mas desconhecia completamentea existência, abandonados e inúteis.

Fiquei indignado com a situação no maior e mais importante hospital de Sergipe e não me contive: "Meu Deus, eu já vi de tudo, mas nunca vi um acervo de nada menos do que 5 milhões de dólares apodrecendo!"

Perguntei ,depois, para uma enfermeira, não para a gestora: "E como é que vocês fazem com esses pacientes de urgência e emergência?". Ela respondeu: "Ah, senhor Henrique, mandamos de ambulância até o centro da cidade, onde ficam as clínicas que têm convênio com o estado, para fazerem lá os exames."

Daí uma outra enfermeira emendou: "No entanto, metade morre no caminho..."

O governador levou um susto enorme porque ele também fora pego de surpresa.

E Deus me permitiu enxergar essa situação de uma desonestidade sem tamanho, um verdadeiro crime contra a saúde pública, um crime contra os pobres, contra os que estão num hospital buscando cura e eventualmente surge uma intercorrência qualquer, um problema inesperado, não dispõem de umrapidamente um exame de imagem que poderia saná-lo. São várias atitudes que podem ser tomadas pela ajuda determinante da imagem na hora da intercorrência.

Então, de repente, tomei uma decisão diante da gravidade da situação: "Olhe, governador, eu posso ajudá-lo, desde que me permita fazer uma auditoria para entender como funcionam as coisas aqui. Foi importante o senhor me acompanhar para constatarmos juntos a situação. Precisamos saber o tamanho do problema e a força dessa medicina privada, que impede o uso dos aparelhos no serviço público."

Eu não estava acreditando em mais nada do que ouvia ali, pois os responsáveis deixavam aparelhos preciosos se deteriorarem sem uso.

"Henrique, para fazer essa auditoria precisamos de uma licitação; não sei se vou poder agilizar isso, mas como confio no seu discernimento, vou fazer por minha conta em consideração a você e à minha família e vou pagar do meu bolso."

Fizemos a auditoria, ele mandou abrir a secretaria da saúde e examinamos os dois principais hospitais que atendiam o câncer na saúde pública. Eu me impressionei ainda mais porque aquilo funcionava como cabide de empregos. O número de colaboradores era absurdamente alto, mais que o dobro do necessário para o tamanho e a demanda do hospital, e o número de médicos também.

E o incrível é que eles aumentavam artificialmente até a capacidade do hospital, usando poltronas que tinham réguas de oxigênio para intercorrência como se fossem leitos, simulando uma enfermaria.

Colocamos um gestor para analisar tudo aquilo e durante o tempo em que ele esteve lá, não presenciou ninguém se sentando naquelas poltronas que contavam como leitos. A situação era tão caótica que eu não conseguiria assumir antes de uma primeira arrumação.

Eu fiz, então, duas exigências: "Se o senhor arrumar o que está errado no setor de Recursos Humanos (RH) e conseguir instalar os equipamentos que estão abandonados, posso vir ajudar, mas preciso que sejam resolvidas antes essas duas pontas. São dois problemas enormes que o senhor está herdando, mas eu não preciso herdar."

Durante a auditoria, ficou evidente o tamanho do problema. O hospital, pelo número de leitos e de profissionais, custava o dobro do que deveria. Se pagassem também os processos indenizatórios, em vez de custar por volta de vinte e cinco milhões de reais mensais, custaria em torno de quarenta milhões.

Então, insisti: "Governador, quando o senhor conseguir arrumar as coisas, como pedi, eu volto e me proponho a ajudá-lo, mas o diagnóstico é esse. O senhor herdou um problema gravíssimo, e eu não tenho condições de enfrentar isso."

Voltei a Barretos, fizemos a análise de tudo, fui até Sergipe mais umas duas vezes, nos encontramos também em São Paulo e deu para perceber que, depois da auditoria, o governador ficou muito baqueado. Havia herdado um enorme problema que só ele poderia enfrentar.

Então, aconteceu outra história impressionante. Sempre presenciei lutas para conseguir equipamentos, mas nunca tinha visto uma luta para deixar apodrecer os que haviam sido doados pelo governo federal, apenas para prejudicar o serviço público de saúde. Ficou evidente, mais uma vez, o poder do sistema para destruir em favor de interesses escusos.

Nessa experiência dos últimos 12 anos, de querer descentralizar nosso serviço de Barretos, tenho encontrado um monstro na minha frente, um dragão de sete cabeças que tenta impedir qualquer ação que seja justa, que seja honesta, que seja favorável à medicina pública, porque fere os interesses do serviço privado. Então, chegamos como uma interferência indesejável, que aglutina contra si as forças poderosas, disponíveis para impedir que as coisas aconteçam.

Eu continuava esperando uma resposta de Sergipe do governador Belivaldo. Depois de 90 dias, lá pelas nove da manhã, recebi sua ligação: "Prata, infelizmente não posso agir tão rapidamente. Aquelas suas duas exigências são impossíveis de cumprir de imediato, e as coisas vão ter que andar mais lentamente; eu sei que tem que fazer, mas não nas condições de que você precisa".

"Certo, governador, então, infelizmente não posso ajudar".

Eu estava no hangar, pegando o avião para Brasília para buscar emendas parlamentares que nos ajudassem a cobrir os déficits desse congelamento da tabela SUS. Uma das maiores fontes que se tem é justamente das emendas impositivas de cada parlamentar e, por isso, estamos hoje em 16 estados. É um trabalho incessante para buscar recursos.

Decolamos, e quando cheguei em Brasília, o José Carvalho de Menezes, de Lagarto, Sergipe, um amigo de extrema confiança, de conhecimento de assuntos da minha família, estava me esperando. Ele me ajuda no projeto de prevenção que funciona em Lagarto, em homenagem e honra à minha bisavó, dona Ana Hora Prata, e fomos juntos até o Congresso.

"Juquinha, tive há pouco uma notícia final sobre Sergipe. Toda a vontade de poder fazer mais por lá foi por água abaixo. O governador me ligou, agora de manhã, e definiu que não tem como fazer o que eu precisava para assumir a gestão. Estou muito frustrado porque testemunhei inúmeros pacientes à espera de uma cirurgia com o diagnóstico de seis meses, de um ano atrás. Há muito pouco espaço para câncer lá no Nordeste e muitos morrem esperando uma chance de se tratar no próprio estado, o que é muito triste. Pelo menos, abri a consciência do governador; ele enxergou o que eu enxerguei e tem uma lição de casa a fazer. É dele a lição e não entro nessa dividida porque já tenho inúmeros problemas para resolver e você sabe disso."

Estávamos andando pelos corredores do congresso quando nos encontramos com um deputado federal muito conhecido, que era marido da prefeita de Lagarto, e aproveitei para conversar e lhe pedir que comprasse a nossa briga.

Se ele topasse, reuniríamo-nos com a bancada do estado e se ela nos conseguisse uma parte do dinheiro (a bancada pode disponibilizar pelo menos 90% em quatro anos) construiríamos um hospital sem a necessidade do dinheiro do governo estadual. E foi o que lhe expliquei, argumentando que faríamos a diferença no enfrentamento do câncer junto à população carente do seu estado.

"Olhe, Henrique, se você tiver mesmo coragem, vamos reunir a bancada, falar com o líder e vender sua ideia."

Era o último ou penúltimo dia para fecharem as emendas e já estava tudo designado e carimbado para Sergipe. Mesmo assim, marcamos a reunião para as dezoito horas na comissão e fui mantendo a esperança.

Quando chegou a hora, encontramos a bancada quase completa e eu fiz a minha parte explicando: "Olhem, a coisa não deu certo lá porque o problema é maior do que eu supunha, porém, não quero desistir e peço a compaixão de vocês para a dor do seu povo; em nome da minha família e da minha história, se vocês confiarem em mim, construíremos um hospital em Lagarto para resolver aquela situação degradante. Aquilo não pode existir, é medicina dos anos 1980, e certamente Deus não me levou até lá para eu lhes virar as costas".

Dito e feito, apoiaram-me e prometeram um aporte de 100 milhões em quatro parcelas. No primeiro ano, seriam 16 milhões, depois, dividiriam o restante pelos próximos três anos. Ninguém imaginaria que os insumos e os materiais de construção subissem tanto nesse período. Mas, enfim, eles aportaram os recursos e entrei firme nesse projeto.

Ainda nos faltava conseguir o terreno, mas o Juquinha já tinha preparado alguns que poderiam ser doados, para eu avaliar. Estávamos eufóricos. Havíamos conseguido o suporte financeiro e só faltava escolher o terreno. Fui lá uma vez, olhei tudo o que tinha que olhar, olhei, olhei, porém nenhum deles se encaixou na minha concepção de fazer algo diferente e muito bem-feito. Afinal, era em Lagarto, cidade onde minha avó, visionária, dera início modestamente a esse sonho que ficou gigante hoje.

Tudo o que errei em Barretos, tudo o que não planejamos, eu queria evitar, pois lá, em redor do hospital, nascera uma rede de comércio com supermercado, posto de gasolina, lojas em geral, uma enormidade. Isso eu queria usar em benefício do novo hospital de Lagarto. Planejamento bem-feito para que essa rede de comércio nos trouxesse renda também.

E foi o que expliquei à prefeita, esposa do deputado, quando ela, cordialmente, me recebeu: "Os terrenos que nos doariam não me agradaram pelo tamanho ou pela localização. O que me entusiasmou foi um terreno que está à venda, e se vocês conseguirem comprar é lá que vamos erguer o hospital".

A prefeita não teve dúvida: "Henrique, se você quer o terreno, eu vou comprar. Vamos pedir autorização para a câmara e resolver o assunto."

Compraram o terreno rapidamente disponível, porém, ele tinha um defeito: um grande desnível, que precisaria de muita terraplenagem. Em compensação, os pacientes internados enxergariam um horizonte quase infinito em três lados do hospital. Queria um lugar que inspirasse e fui muito feliz na minha escolha. O Juquinha, na época, ficou intrigado com esse meu desejo e me questionou, porém, expliquei: "Não duvide da minha experiência. Levei uma série de fatores em consideração, inclusive o crescimento do projeto. A cidade tem hoje 130 mil habitantes, ainda não possui aeroporto e nem mesmo uma pista de avião. No futuro, quando isso estiver funcionando, vamos precisar trazer medicamentos que chegam a Aracaju e que devem vir para cá rapidamente, até mesmo de helicóptero. Medicina nuclear, PET CT e várias coisas mais serão necessárias; o hospital não está na capital, e sim no interior. Quero pensar no futuro, e isto aqui tem que ser um centro de referência".

Hospital de Amor de Lagarto, Sergipe.

Quando as decisões são inspiradas pelo amor, o melhor acontece e os obstáculos são superados. Não vai haver nada parecido com o que estamos fazendo lá no Nordeste. E postarei aqui as fotos desse novo hospital para evidenciar o contraste com o antigo.

Que Deus continue iluminando nossos parlamentares para que sejam capazes de enxergar o direito da população mais pobre de ter, no Nordeste, uma medicina de primeiro mundo.

Quero também realizar o sonho do meu pai, que certa vez me pediu timidamente: "Se um dia você puder e tiver condições, ajude o interior do Nordeste".

Tenho absoluta certeza de que meu pai, com todo o moral que deve ter perante Deus, por todo o amor que dedicou ao próximo; esse homem que amava mais a Deus do que a seus pais ou a seus filhos, esse homem tão temente a Deus deve estar intercedendo por nós. Por isso, o hospital nasceu naquele lugar onde o meu avô, minha bisavó, minha tataravó, todos acolhiam os pacientes na própria casa. É uma família predestinada, designada por Deus, para provar que o amor motiva e é superior a tudo. Aos estudos, aos interesses, ao dinheiro, aos governos...

Eu só tenho conforto porque faço minha parte, se não, talvez eu fosse um revolucionário. Deus sabe que eu tenho um coração valente, que se revolta quando o direito de um pobre não é respeitado; ele já não tem o que comer, o que vestir, tem um câncer e não pode ser tratado corretamente, porque o aparelho que deveria estar disponível para ele é maldosamente sonegado. Isso me desafia e eu não aceito.

Mas, enfim, a gente mostra com muita força, neste livro, que o amor é superior a tudo. Quando uma obra é realizada por amor, tem a benção de Deus. E essa minha família nordestina provou um amor maior do que todas as outras que conheço. Dedicaram seu tempo, seu cuidado, seu amor a pessoas doentes. Compadeceram-se do próximo, enxergando nele o próprio Jesus.

Por isso, tudo o que faço é em honra da memória do meu pai, que me provava cotidianamente a existência de Deus quando não tinha vontade de comprar nada para si mesmo, nem roupas, nem carro e só usava seu dinheiro para aliviar a dor dos seus pacientes.

"Tenho absoluta certeza de que meu pai, com todo o moral que deve ter perante Deus, por todo o amor que dedicou ao próximo; esse homem que amava mais a Deus do que a seus pais ou a seus filhos, esse homem tão temente a Deus deve estar intercedendo por nós."

Recepção do Instituto de Prevenção Anna Hora Prata, em Lagarto, em atividade desde 2017.

O interessante é que essa mesma vontade do governador de Sergipe foi manifestada pelo governador de Goiás, Ronaldo Caiado, um irmão, que me ligou pedindo que eu analisasse a saúde pública do seu estado, não só na gestão de câncer, como em todo o funcionamento da medicina de alta complexidade.

E qual não foi a minha alegria em receber seu próprio secretário de saúde, Ismael, rapaz muito novo, dinâmico, extremamente ativo e inteligente, que veio a Barretos para nos fazer uma visita a pedido do governador; relatou a situação que havia encontrado logo que assumira a secretaria do estado e queria Barretos como projeto de referência, sugestão do próprio governador Ronaldo Caiado.

Em seguida, foi a minha vez de retribuir a visita indo a Goiás, não sem antes ter com Ronaldo Caiado a mesma conversa que tive com o governador de Sergipe. Faríamos as visitas a hospitais e a avaliação geral juntos para que houvesse sintonia de diagnóstico e de decisões a tomar.

Eu queria muito conhecer a situação porque, naquela época, tínhamos em torno de seis mil pacientes do estado de Goiás se tratando em Barretos; queria entender o que existia por lá para ter uma migração tão grande, justamente de um estado rico e pujante como Goiás, agora com um governo vocacionado e honesto, em condições de mudar, resolver toda aquela deficiência.

Entusiasmado, cheguei lá. Ronaldo se dedicou inteiramente à minha visita e devemos ter visitado, em dois dias, uns oito hospitais do estado, os principais serviços. Fui tomando nota de tudo o que via e depois lhe disse: "Ronaldo, agora que você viu o que vi, vou lhe dar uma posição com muita clareza. Eu enxerguei que 100% dos serviços que você está herdando estão superfaturados. Os hospitais estão recebendo mais do que custam e não são os 5 ou 10% de margem de segurança. Estão superfaturando mais do que 20, 30% e eu posso lhe garantir isso, já que vi abertamente o absurdo desses valores superfaturados". Esse sistema já vinha de muitos anos com um excedente imenso no pagamento e eu me questionei: "Meu Deus, por que então o tratamento de câncer não é bem-feito, com começo, meio e fim, num processo honesto, com equipamentos precisos, tratamento personalizado e que atenda de forma eficiente o público mais carente?".

E para o Ronaldo, que estava entusiasmado com as novas perspectivas, falei: "Garanto que você pode economizar de 15 a 20 milhões da gordura excedente e ainda trazer para o seu estado um serviço de excelência, estímulo para os demais estados". O interessante é que ele levou um susto, mas me perguntou: "E o que você pretende fazer para tornar isso realidade?"

"Vou fazer um trabalho com seu secretário de saúde, mas o principal e urgente é ter alguém confiável e eficiente que nos ajude, como o frei Francisco. Ele tem larga experiência, já me ajudou em Adamantina com a doutora Ruth e não se acovarda com nenhum obstáculo". E continuei: "Ronaldo, se ele não aceitar, assumo temporariamente, porque não posso deixar que você desperdice um dinheiro que é vital para atender a tantas carências. No meu estado de São Paulo, por exemplo, é o inverso, o estado provê apenas 20% dos 100% que deveria e aqui em Goiás vocês estão colocando 130%. Eu sou gestor e a coisa que eu mais administro é custo. Vamos, então, fazer uma análise dos custos reais e com uma oferta realista, facilitar a renegociação para o secretário; é como se fosse uma carta de crédito em torno de quinze milhões de economia".

Mandamos as propostas para os seis hospitais individualmente, e a dúvida do secretário foi a seguinte: "Henrique, sei que você tem larga experiência e certamente tem razão. Como eu faço, porém, se eles não aceitarem?"

"Peça para entregarem a gestão dos hospitais em trinta dias. Mas acho que dificilmente vão sair, eles vão querer ficar, apesar da diferença."

Para ficar bem claro, vou dar um exemplo: um dos hospitais que custava vinte e três milhões por mês aos cofres públicos, pela nossa proposta, se efetivamente custasse quinze milhões, os gestores ainda teriam lucro.

Ronaldo Caiado me deu carta branca, trabalhei com o secretário e nós dois colocamos "os pingos nos is". Ele foi chamando as empresas administradoras dos hospitais para negociar as novas bases e só uma não aceitou nossa proposta, que foi a de Anápolis. Ele me ligou, acho que no sábado, inconformado com essa derrota. No entanto, era uma proposta plausível. Receberiam 25% a menos, mas o novo cálculo fora baseado em valores que pagavam a alta complexidade, a urgência, a emergência, serviços caros e praticados por instituições responsáveis e bem-conceituadas.

Ele se apavorou com a possibilidade de ficar sem a gestão desse hospital em Anápolis, mas eu lhe garanti que, no dia seguinte, mandaria dois médicos para tomar ciência da situação e assumir o serviço.

Qual não foi a minha surpresa quando, no domingo de manhã, antes que um dos médicos se dirigisse até lá, o telefone tocou e era o secretário avisando que Anápolis havia cedido e aceitado as novas condições.

Foi realmente um alívio. Era muito dinheiro a economizar. Estamos falando de uma economia anual de mais de 200 milhões de reais sobre os serviços superfaturados, e isso sem comprometer a qualidade do atendimento.

Então, esse é um caso totalmente atípico daquilo que tenho vivenciado esses anos todos na experiência de Rondônia, na experiência de São Paulo, de Sergipe, do Tocantins, das histórias todas já relatadas no livro, mas que mantêm o mesmo padrão de uso dos recursos públicos em benefício de interesses privados em vez de beneficiar a população carente. Então, a gente vê uma história dessas e passa a entender que, no fundo, os personagens e interesses são os mesmos.

São histórias contundentes nessa minha experiência de trinta e três anos de gestão. E enfatizo: escrevo este livro para dividir com a sociedade o que existe nos bastidores, como realmente as coisas funcionam e tudo o que encontrei e vivenciei nesses anos depois que saí da zona de conforto em que eu só administrava um hospital chamado Hospital de Amor.

"São histórias contundentes nessa minha experiência de trinta e três anos de gestão. E enfatizo: escrevo este livro para dividir com a sociedade o que existe nos bastidores, como realmente as coisas funcionam e tudo o que encontrei e vivenciei nesses anos depois que saí da zona de conforto em que eu só administrava um hospital chamado Hospital de Amor."

Capítulo 11

Governadores estaduais

Em plena campanha para o governo de Goiás, em 2018, Ronaldo Caiado, junto com sua esposa Gracinha, nos fez uma visita, consultando-me sobre uma possível ajuda na área de saúde de seu estado.

"Henrique, se eu ganhar essa eleição, meu sonho é levar a cópia do seu projeto, não só a parte física, mas, principalmente, a filosofia de humanização desse hospital para Goiânia." Eles passaram o dia em Barretos e lhe garanti que poderia contar comigo se ele fosse o vitorioso. Isso foi no segundo semestre de 2018.

Após a eleição para o governo dos estados, surpreendeu-me o número de governadores eleitos pedindo para ir a Barretos conhecer o Hospital de Amor e a nossa gestão, o que até então não havia acontecido. E tive esperança de que, com os novos eleitos, as coisas pudessem melhorar.

O primeiro foi o governador Belivaldo Chagas, de Sergipe, em seguida, vieram os governadores do Rio Branco e o do Acre. Eu me comprometi com todos que nos visitaram a disponibilizar meu tempo para uma visita aos estados, com um diagnóstico sobre o que deveria ser feito.

Além deles, o presidente Jair Bolsonaro também veio em agosto, com o objetivo de olhar mais detidamente para o hospital porque na campanha ele passou muito depressa por ele. Conseguimos mostrar a diferença entre o joio e o trigo e fiquei convicto de que ele teria vontade política para atualizar a tabela do SUS e melhorar a situação. Ele fez uma visita mais técnica e achei que, de fato, eu poderia ter esperança de que algo pudesse mudar.

Em seguida, veio o governador da Bahia, Rui Costa, propondo nos levar para fazer prevenção de câncer nos projetos do seu estado, que não são exatamente iguais, mas parecidos com os AMEs do estado de São Paulo. Ele também queria conhecer de perto o funcionamento do nosso projeto em Barretos.

Depois do Rui Costa, o governador Ratinho, do Paraná, visitou-nos. Todos se dirigiram até Barretos, e visitas não nos faltaram para conhecer *in loco* nosso hospital, entender seu funcionamento e ver o que poderiam replicar em seus estados. Confesso que a esperança renasceu em mim por perceber o interesse de políticos com uma nova mentalidade, aparentemente, e nós, do Hospital de Amor, sentimo-nos muito realizados e orgulhosos por constatar que poderíamos ser referência e exemplo de uma saúde pública realmente comprometida em fazer o melhor.

Retribuí, assim que oportuno, a visita dos governadores indo até seus estados. No Acre, na capital Rio Branco, havia equipamentos tão antigos que a marcanão existia mais. Além disso, estavam constantemente quebrados. O estado ganhou equipamentos novos do plano de expansão do governo federal, mas que também estavam quebrados. Haviam sido neutralizados devido a não sei quais interesses, num completo descaso. E era um hospital geral, funcionando também para câncer, com uma série de problemas a serem resolvidos. Eu percebia a boa vontade do governador, então, fiz meu diagnóstico e lhe dei a minha receita de bolo, achando que, de alguma forma, poderia contribuir. Mas, infelizmente, as coisas não mudaram, e os pacientes continuaram buscando ajuda em outros lugares, como em Porto Velho, por exemplo.

Visitei também o estado da Bahia, onde já tínhamos uma unidade de prevenção, e gostei muito do serviço de saúde de lá. Havia as policlínicas, formadas por um consórcio de seis ou oito munícipios, que achei até melhor que os AMEs, em termos de humanização. Elas dispõem de ônibus com ar-condicionado, além de dia e hora agendados para pegar os pacientes em casa. Cotizam um centro só de diagnóstico e um de ambulatório — muito interessante — e achei mais completo que os AMEs do estado de São Paulo. Estabelecemos uma parceria com o estado, que acabou virando um problema sério com o secretário; não sei bem o que aconteceu e acabamos não podendo trabalhar. Iniciamos bem, mas não terminamos bem.

Estamos, porém, há quinze anos em Juazeiro, na Bahia, com um projeto de prevenção que desenvolvemos, e lá também pudemos constatar a diferença de qualidade do que se fazia no estado de São Paulo, que tem toda a facilidade de trânsito com vias de transporte completamente diferenciadas. Em Juazeiro, dos onze municípios da região, a dois ou três nem a carreta de prevenção consegue chegar, só o pau de arara; mas continuamos firmes, é um orgulho para nós e fomos motivados pela gratidão à Ivete Sangalo, natural de Juazeiro, madrinha e benemérita do Hospital de Amor.

Eu não consigo entender a política. Não entendo suas prioridades, quando deixa o câncer sempre em segundo, às vezes em terceiro plano. Tive muita esperança de que as coisas melhorariam, mas, infelizmente, não aconteceu como eu queria.

No Paraná não cheguei a ir, mas forneci ao governador todas as diretrizes que seriam importantes. O Paraná é um estado rico, que tem uma gestão efetiva com bons índices, não é como os estados mais pobres, cujos doentes migram para outros centros. Já era um estado bem resolvido e fiquei muito feliz que o governador viesse buscar referência conosco para aperfeiçoar ainda mais seus procedimentos.

Naquela época, fiquei imaginando que, com tanta gente se movimentando e com tantos querendo fazer o melhor para o câncer, as coisas finalmente teriam uma evolução significativa. Mas o entusiasmo inicial deles passou e me sobrou a frustração. E qual foi minha análise?

Voltemos ao estado de Goiás. Por melhor que fosse a intenção, o comprometimento, por mais honestidade que tivesse, Ronaldo Caiado não conseguiu fazer com a necessária celeridade a implantação de um serviço de câncer com a marca do Hospital de Amor. Para acharem um terreno compatível, que a então ministra Teresa Cristina conseguiu encontrar, passou um ano. Depois, mais dois anos para obter o documento de posse, e aí se pode imaginar o tamanho da força dos inimigos políticos do governador nessa história, porque as coisas não deslanchavam. É aquela velha máxima: ganhou, mas não levou.

E vejam o quanto vínhamos economizando com a reestruturação dos hospitais! Havia dinheiro em caixa para não necessitarem de verba federal, e se passaram, entre ganhar o terreno e conseguir a escritura, praticamente três anos. O hospital que seria um centro de excelência para o câncer na saúde pública, vai sendo protelado até não se sabe quando.

Para se ter uma ideia de como isso é injusto, saibam que o estado tem o dinheiro para construir, tem o dinheiro para equipar, tem o dinheiro para pôr para funcionar, e a burocracia e os lobos vestidos de cordeiro da política ou da medicina privada — não sei de onde vem tanta força — ainda não deixaram as coisas acontecerem.

Eu estava doido para tirar de Barretos em torno de seis mil pacientes de câncer, por ano, que lá se tratam vindos de Goiás. Construiríamos um hospital infantil em um ano e meio e o de adultos em mais ou menos dois anos e meio. Seria muito rápido reverter esse fluxo constante de pacientes de Barretos para Goiânia, mas, inacreditavelmente, a demora é absurda e pessoas continuam perdendo a batalha para uma doença que não pode esperar.

Deus do céu, o que há por trás disso? Qual o tamanho da força desses lobos que só enxergam dinheiro, vantagens políticas e para quem o paciente é apenas um número, justamente um zero à esquerda, um infeliz dispensável? E ainda querem afirmar que são cristãos.

Eu que já vi tanto, sempre acho que nunca vi nada parecido na minha vida. A única coisa certa é que, como não tenho nesses estados uma atuação direta, continuamos recebendo os pacientes num fluxo contínuo para Barretos.

Quero que, com esses relatos, as pessoas possam compreender como este país tem sido desonesto com muitos dos seus cidadãos, e como as leis beneficiam a burocracia e emperram o bom funcionamento da saúde pública. As coisas são impressionantes!

Essas vivências todas me credenciam para essa denúncia em forma de livro, em que coloco as cartas na mesa e faço uma pergunta, que pode soar desesperada: Até quando?

"Quero que, com esses relatos, as pessoas possam compreender como este país tem sido desonesto com muitos dos seus cidadãos, e como as leis beneficiam a burocracia e emperram o bom funcionamento da saúde pública. As coisas são impressionantes!"

Capítulo 12

Governo federal

Outra história triste aconteceu quando mostrei pessoalmente ao Presidente Bolsonaro um aparelho comprado com dinheiro de renúncia fiscal, de doação de imposto de renda de terceiros. Um robô para operar pobre de graça, com cirurgias precisas, sem sangramentos, cirurgias que exigem o mínimo de internação e liberaram o paciente muito mais rapidamente para completar o tratamento, a radioterapia e a quimioterapia. Os hospitais ricos também compraram o aparelho com renúncia fiscal e colocaram rapidamente para funcionar com capacidade plena, atendendo apenas a pacientes ricos que podem pagar ou têm plano de saúde. A injustiça começa na lei que beneficia igualmente grandes hospitais de elite e hospitais públicos que não têm receita alguma, a não ser do SUS. A lei beneficia a quem não precisa e nos prejudica porque conseguimos comprar o aparelho, mas não podemos pagar a manutenção; quem regulamentou a lei foi a medicina privada, então, não há nada que nos favoreça. Quando surge algo aparentemente ao nosso favor, aparece dessa maneira, que é para virar um elefante branco. Então, compramos o robô PET CT e não podemos usar porque para pagar o custeio preciso esperar o próximo ano para pedir nova renúncia fiscal.

Vejam, os hospitais ricos não precisam do dinheiro para o custeio porque cobram 100% pelo uso do aparelho no atendimento a clientes particulares ou conveniados. Mas nós, que compramos por renúncia fiscal, não temos dinheiro para operar o aparelho, pois isso aumentaria o déficit operacional mês a mês.

Foi a injustiça desse sistema e essa desonestidade que coloquei às claras para o presidente Bolsonaro esperando que ele, um homem de coração valente, intercedesse para acabar com isso, porém, se ele de alguma forma tentou, não teve sucesso e nada aconteceu.

Alguns podem questionar o porquê de o Hospital de Amor se recusar a atender convênios, o que nos daria alguma margem de faturamento. Minha posição é firmemente contrária a isso. Atender somente ao SUS é a única forma de tratar a todos os nossos doentes com isonomia e sem os privilégios que os convênios demandariam. Assim, pelo menos evitamos a injustiça de tratamentos diferenciados. Todos são iguais no Hospital de Amor.

Essa é a minha angústia. Continuo, porém, mantendo a esperança de que surjam pessoas que ajudem a mudar essa história. Se Deus me der saúde, não me cansarei desses embates; quantos mais vierem, mais continuarei a enfrentar. Acho que luto o bom combate, mas espero que eu possa fazer, no futuro, uma aliança com alguém que pense como eu e juntos consigamos mudar essa realidade.

Estamos no século 21, os tempos são outros, o tratamento do câncer evoluiu muito, mas a burocracia que existe na hierarquia do próprio ministério e a multiplicação de portarias continua emperrando as ações.

A lei de responsabilidade fiscal, com a ação do ministério público, acabou gerando medo em quem assina e mais dificuldades para quem administra ou precisa dos benefícios que as leis ou portarias possam trazer.

No contexto geral, tenho levado várias discussões ao Ministério da Saúde, explicando que um serviço público não tem dinheiro para construir um hospital de uma vez só uma vez que só recebemos dinheiro do Ministério da Saúde para gestão/manutenção. Construímos, então, a primeira etapa, que é o ambulatório, o mais rapidamente possível para termos condições de alugar ao serviço privado, e aí construímos as demais etapas, a parte cirúrgica e a de internação. Isso aconteceu em Porto Velho e vai acontecer em Palmas, no Tocantins, e em Lagarto, em Sergipe. Tenho encontrado no ministério as mesmas barreiras de doze anos atrás. E assim, fica quase impossível funcionar porque exigem a construção do projeto completo para obter o credenciamento.

Outra dificuldade é que o doente, estando em Barretos depois de se submeter, por exemplo, a uma cirurgia robótica ou laparoscópica, teria de voltar ao seu lugar de origem ou o mais próximo possível para fazer o tratamento de longo prazo, como radioterapia e quimioterapia, junto da família. Mas como é paciente do Hospital de Amor de Barretos, mesmo que vindo do Nordeste, do Centro-Oeste ou da Amazônia, se for operado em Barretos, o paciente é nosso. Como em Barretos há uma fila enorme, se o enviássemos para seu estado a espera poderia ser reduzida pela metade. E essa espera maior está acontecendo simultaneamente nos dois estados, em Tocantins e em Sergipe.

Lutei o ano inteiro de 2022 para conseguir fazer o credenciamento via mudanças na portaria do próprio ministério. Mas não, a lei e a portaria de 1980 têm que ser mantidas, e ainda me acusam de estar querendo mudar as regras mesmo que a mudança obedeça apenas ao bom-senso. Então, como nada mudou nesses 33 anos, eu venho mudando, pegando dinheiro, juntando de grão em grão, fazendo as coisas mais lentamente do que poderia ser. Com toda certeza, o paciente terá o começo, o meio e o fim do tratamento no mesmo hospital, mas não existe nenhuma facilidade. Nenhum argumento muda a compreensão das pessoas no Ministério da Saúde, é incrível. Parece que estou falando de pedra, não de gente, quando digo que as portarias são arcaicas e não acompanharam a evolução do tratamento nem o aumento significativo do número de doentes de câncer.

E as portarias determinam que se coloquem aparelhos de última geração em hospitais gerais que não sabem nada de câncer. Enviar tais aparelhos para fazer política é possível, mas para atender adequadamente os doentes e reduzir o tempo e a distância, não. Não há entendimento porque todos que decidem não se tratam pelo SUS, e parece que a ordem é não mudar nada!

No caso do presidente Michel Temer, houve uma mudança rápida por causa de uma canetada, não foi uma mudança na portaria, foi uma ordem: "Quero rapidamente o credenciamento do Centro de Assistência de Alta Complexidade em Oncologia (Caon), que é completo."

Durante seis anos, lutei por isso, até encontrar a sensibilidade de alguém que percebeu a importância de minimizar a dor daqueles pacientes que poderiam se tratar exclusivamente em Porto Velho.

No geral, a regra do jogo é: pobre tem que morrer na fila, pobre tem que sofrer mesmo, e pior, a dor do pobre pode ser ignorada.

Fiquei indignado com a reação fria que encontrei no Ministério da Saúde em 2022. Não conseguimos agilizar o processo para oferecer ao doente um atendimento mais próximo à família. E por que teria que haver essa consideração?

Ainda bem que, anteriormente, o Presidente Temer passou por cima de protocolos e portarias e mandou que se fizesse o óbvio.

Essa situação foi mais desagradável no ano de 2022 porque apertei muito o ministro da saúde, mas ele disse que, se mudasse para mim, teria que mudar para todos: "Ótimo, ministro. Não estou legislando em causa própria. Mude para todos, então, mas quantos são esses todos? Quantos são os que fazem o que estou fazendo? Que eu me lembre, em trinta e três anos, só um hospital mudou, que foi o ICESP, em São Paulo, que não dependeu da União. Não vejo outros".

"Não!...quando mudamos a portaria, a mudança deve ser geral."

"Está bem, mas cadê os demais?", insisti.

"Eu não posso fazer!", foi a resposta de quem realmente não tinha interesse em agir.

Fui até o presidente e não houve intenção de compreender o sofrimento dos pacientes. O presidente Michel Temer não entendeu o que falei, embora tenha sentido a dor do outro, fragilizado e doente; com o presidente não consegui tocar da mesma forma, o que foi, para mim, uma decepção.

Para o nosso atendimento é indiferente. Os pacientes estão sendo tratados e vai ser igual em qualquer lugar, mas, para o doente, a diferença é da água para o vinho. Tratar perto de casa, próximo à família, aos amigos é muito mais humano e eficiente; ajuda no tratamento o fato de o paciente voltar à rotina, cuidar da vida, do seu quintal, das suas plantas — a maioria é de gente muito simples; mas é difícil conseguir essa prerrogativa.

Isso vem me angustiando e me deixando muito aborrecido, porque foi a luta do ano inteiro de 2022, e no Ministério da Saúde, não houve nenhuma facilidade. Sou amigo do ministro, mas quando você fala de quebrar regras e facilitar a vida do paciente, como envolve burocracia e toda a hierarquia política, a coisa emperra. O primeiro escalão é o ministro, o segundo, o terceiro e o quarto, são funcionários de carreira. Tem que vir uma ordem firme de cima, com a mão batida bem forte em cima da mesa, ou as leis que travam a melhoria do serviço público permanecem com todo vigor, com toda a capacidade que a burocracia tem.

Posso falar abertamente que muita gente do ministério me rotulou de atrevido, e acham que faço as coisas sem autorização, mas também sei que há os que me compreendem e me valorizam.

No estado de São Paulo, que é o meu caso, existem os Departamentos Regionais (DRs), gestores das regiões no estado. Barretos é sede de uma DIR, São José do Rio Preto, de outra, e Araçatuba, também de outra; são cidades núcleos que atendem aos pacientes de suas regiões. Barretos, no entanto, atende, na área de câncer, em torno de 90% dos pacientes de todos os municípios do estado, e já relatei aqui neste livro as dificuldades que a DIR de Rio Preto vem impondo ao nosso Hospital de Barretos.

Se fosse apenas o fator do dinheiro, já seria grave o suficiente porque, no ano de 2022, tivemos dezenove milhões de prejuízo só na unidade de Jales. Mas a questão vai muito além. O paciente tem que obedecer a um sistema chamado Central de Regulação de Oferta de Serviços de Saúde (Cross), que o manda para uma fila para pegar outro endereço, normalmente longe de casa, para continuar o tratamento. Este ano, entreguei nas mãos do secretário de saúde do estado de São Paulo relatos de pacientes que foram diagnosticados na porta de suas casas, vizinhas a Jales e Fernandópolis, onde temos os serviços, mas foram encaminhados para São José do Rio Preto.

A maldade, a má-fé ficam claras quando se verifica que o paciente agendado para operar em trinta dias em Jales, entra na fila de 90 dias do Cross para operar em qualquer outro lugar. E em um lugar muito inferior ao Hospital de Jales ou de Barretos. Não se enxergam pessoas na fila, são só números; a fila do Cross pode mandá-las até para São Paulo, e certamente a espera vai ser, no mínimo, o dobro do tempo.

O que relato é isso. Você vai ao Ministério da Saúde e encontra um poço de gelo, vem para a Secretaria de Saúde de São Paulo, onde o secretário mantém essas condutas, dando a força à DIR de Rio Preto. Não existe o paciente no caminho, existe uma regra, uma lei e dane-se o doente e o bom-senso.

E as coisas só vêm piorando. Resolvi tentar, em 2022, uma ação mais inteligente, mais ampla, unindo forças com uma associação da igreja católica, de cuja abertura participei no Rio de Janeiro em 2019. O primeiro congresso das instituições católicas da área da saúde foi instituído pelo próprio Papa Francisco. Então, continuamos nesse processo, uma luta tremenda, mas com muita esperança.

Essa associação que o papa criou é liderada pelo Frei Francisco, que tem larga experiência na área. Juntamos todos os hospitais com mais volume de atendimento em uma reunião; eram seis instituições com 70 mil colaboradores. Como nos unimos, levando em conta o volume de pacientes que atendemos, os empregos que geramos, tudo o que podemos fazer temos uma frente ampla. Elaboramos um documento, que chegou aos candidatos a governador e a presidente, na eleição de 2022, pedindo que eles se comprometessem com o reajuste da tabela SUS em 100%, 25% para cada ano de mandato. Outra importante reivindicação foi o repasse do aumento do PIB de cada estado todos os anos. Os estados são pujantes, crescem, às vezes, mais do que o próprio país e isso nos daria um pouco mais de fôlego, segurança e esperança,

Esse documento, assinado por todos nós da Associação Brasileira de Instituições Católicas se Saúde (Abics), gerou uma força muito maior de reivindicação. Consegui que, em nove estados, os candidatos com mais chance de ganhar a eleição se comprometessem com o documento.

Enfim, "somos fortes, mas não somos de briga", por isso, unimo-nos, e os hospitais cristãos têm a virtude de primeiro olhar e atender o paciente e só depois perguntar quanto custa.

"Enfim, "somos fortes, mas não somos de briga", por isso, unimo-nos, e os hospitais cristãos têm a virtude de primeiro olhar e atender o paciente e só depois perguntar quanto custa."

Capítulo 13

Hospitais filantrópicos

cho que a maioria dos hospitais filantrópicos cristãos se encontra, hoje, numa situação muito mais vulnerável. Estão endividados, vendendo patrimônio e sacrificando-se para estarem de pé, muito mais do que em qualquer outra época e num volume assustador.

Fiquei sabendo que são fechados até 10 hospitais filantrópicos por mês no país e, desse modo, vão sobrar mais pacientes para a medicina privada. A história do congelamento da tabela e das portarias que não destravam prejudicam imensamente a medicina pública, como venho expondo no livro, e tem como consequência o êxito do objetivo principal, que é favorecer a medicina privada. Os pacientes dependem cada vez menos do governo e se dirigem cada vez mais para a medicina privada, para as tais clínicas populares de médicos que usam as Santas Casas como se fossem seus próprios hospitais, manipulando filas e estabelecendo suas próprias prioridades.

A Associação dos Hospitais Filantrópicos, cujas ações foram paralisadas pela pandemia, está deixando claro que temos condição de fazer um trabalho conjunto e eficiente com as federações estaduais e a Confederação para colaborar com essa discussão.

Dos quatro candidatos principais à eleição presidencial de 2022, conseguimos a assinatura de Simone Tebet, do MDB, e do Ciro Gomes do PD. Ambos vieram a Barretos para ler, assinar o documento e se comprometer com suas demandas. Ciro Gomes sugeriu favorecer hospitais que têm prestação de contas, valores compatíveis e produtividade no serviço público, e não tratar a todos igualmente, como está no documento, o que me fez perceber que ele era muito rápido e que sua observação procedia. Porém, naquele momento, não daria para detalharmos tudo o que deveria ser feito por meio de portarias que estabelecessem o diferencial sobre produção, qualidade, porcentual do SUS e tudo mais. O importante foi que conseguimos, no primeiro turno, a assinatura dos dois.

Simone Tebet e Henrique Prata, na ocasião da assinatura do documento para reajuste da tabela SUS.

Ciro Gomes e Henrique Prata, na ocasião da assinatura do documento para reajuste da tabela SUS.

O principa de tudo isso é que o documento chegou ao conhecimento dos candidatos a cargos executivos — federais e estaduais — que disputaram o

"Os fatos relatados neste livro [...] são a expressão da verdade, e tenho rezado para que Deus me dê a virtude da calma e da paciência pela fé [...]. Sei que estou amparado por Deus nas minhas ações em prol da saúde pública e alicerçado no prestígio que o Hospital de Amor tem pelo seu nível de seriedade e comprometimento."

segundo turno e demos uma demonstração de união. Deixamos evidente a dimensão dessa força ; assim, nasce uma nova esperança para tantos de nós. A Abics, a associação dos hospitais que antes era só católica, agora vai ser de todos os filantrópicos e de todos os cristãos que quiserem aderir a ela.

A prioridade da associação dos hospitais filantrópicos é lutar pelo descongelamento da tabela SUS, que não tem aumento há 20 anos. Foi uma excelente ideia que vai nos dar poder e representatividade para reivindicar e aprofundar a luta por nossos direitos, e tentar evitar novas leis e portarias como as que foram criadas para trazer dificuldade, muita dificuldade.

Um exemplo típico de tantas injustiças é o que está acontecendo desde o começo de 2022 no período pós-pandemia, no estado São Paulo, que é uma referência no país. Estão reduzindo a receita de todas as instituições conveniadas, filantrópicas, que já estão à beira da falência, aproveitando que, nos dois anos de pandemia, os atendimentos diminuíram em várias áreas, principalmente de câncer. Além dessa queda, praticamente todos os hospitais tiveram que criar ambulatório, enfermaria e UTI para Covid, aumentando as despesas consideravelmente. Então, a produção caiu e o governo aproveitou essa queda para diminuir o valor proporcional do repasse do SUS.

Os departamentos jurídicos alegam que a observância do contrato era mediante a produção, mas garanto que nunca foi, pelo menos em relação ao estado São Paulo. Nunca, anteriormente, ouvi sobre produção, e diminuir a receita alegando queda de atendimentos é uma imoralidade diante do congelamento cruel dessa tabela arcaica do SUS. Vejam o absurdo: enxergaram uma brecha dentro da lei e reduziram todos os contratos de 2022. O estado de São Paulo está se beneficiando de uma portaria que lhe dá esse direito com o intuito de nos asfixiar.

E é aí que está a hipocrisia, a desonestidade, a frieza; isso nunca poderia ter sido considerado, nunca! Nem que estivesse na lei, nem que essa lei fosse assinada pelo Presidente da República. Isso nunca poderia ter sido cogitado porque a pandemia de Covid fez os hospitais se desestruturarem, perderem a capacidade de entregar produção em favor do trabalho urgente de salvar vidas.

Isso me provoca essa angústia, um inconformismo e uma enorme frustração. Seguro-me na minha fé para abaixar a temperatura porque dá vontade de ir na garganta desses executivos e fazê-los enfiar a cara na barriga de um doente sofrendo para saber se a miséria que a tabela do SUS paga é compatível. Estamos sendo obrigados a assinar porque se você se nega fica sem receber.

HOSPITAIS FILANTRÓPICOS

Foi o que aconteceu comigo em Jales, eu não quis assinar, fiquei três meses sem receber. Três meses sem receber a merreca do valor que há 20 anos a tabela congelada do SUS paga. Ignoram, convenientemente, que se atendemos menos pacientes com outras doenças, nos exaurimos atendendo Covid.

O estado, que está se beneficiando com essa brecha "legal", não sofreu esse corte porque a União está repassando o valor integral. Aqui em São Paulo tenho a esperança de que as coisas mudem com o novo governo. Se não, que minha fé nunca me permita, mas minha vontade é fazer um enorme protesto, juntar todo mundo em volta do Palácio dos Bandeirantes e não deixar ninguém sair nem de helicóptero. Escancarar o que significam essas atitudes irresponsáveis, inconsequentes, desumanas, desonestas que vêm contra nós, prestadores de serviços.

E me deixa muito mais tranquilo a ABICS estar à frente das negociações porque se eu fosse resolver pessoalmente, as coisas seriam bem mais agitadas. Comigo as questões se resolvem porque todo mundo, todo político sabe que se me enfrentar tenho força para abalar sua imagem, e essa força vem do prestígio que tenho com a minha população, com as classes C e D, pois, para elas, minha palavra tem peso.

Então, os políticos, às vezes, resolvem comigo de outras formas, como tem sido resolvido, financeiramente. Eu não deixo passar, nem que o prejuízo fique para o ano seguinte. Não tem como eu não fazer o que sei fazer, que é expor claramente quem são os lobos maiores que se beneficiam da força que têm, da caneta na mão, da lei que foi feita, protegida e aprimorada para eles. É uma luta!

Eu vou relatando essas coisas, esperando que as pessoas possam me compreender, porque cheguei no limite enfrentando situações incompreensíveis. Depois de tantas histórias de luta já vividas no passado, no final do ano de 2022, vivi uma das maiores angústias na expectativa da renovação dos contratos com depreciação. Em Jales, essa depreciação chegou a oitocentos mil reais, em Barretos, a dois milhões, numa época em que estamos reivindicando desesperadamente o aumento. Essa história pareceria surreal se não fosse tão cruel, e é bom que as pessoas saibam que o que estou relatando é a pura verdade e tenho provas. Assim é a força dos lobos vestidos de cordeiro. Uns aparecem, outros estão atrás da cortina, outros estão na moita, mas são muitos e poderosos.

Os fatos relatados neste livro, que remontei quando fiz pela segunda vez o Caminho de Santiago de Compostela, são a expressão da verdade, e tenho rezado para que Deus me dê a virtude da calma e da paciência pela fé, porque medo eu não tenho das consequências dessa denúncia. Sei que estou amparado por Deus nas minhas ações em prol da saúde pública e alicerçado no prestígio que o Hospital de Amor tem pelo seu nível de seriedade e comprometimento.

Vejo que os outros hospitais, infelizmente, não têm a mesma força e sofrem muito. Então, espero que nossa associação, a Abics, possa nos dar representatividade e ampliar nossa voz. Vamos fazer com que ela seja conhecida na sociedade, aja como um todo nas várias reinvindicações e não fique só na representação das entidades filantrópicas. Vou fazer um apelo muito grande nas mídias expondo a seriedade e o valor do trabalho da Abics.

São histórias que a gente relata e que evidenciam o tamanho da desonestidade que nos agride e boicota a intenção de fazer um serviço público minimamente honesto. Quem não luta como a gente, não consegue fazer nem 50% de qualquer tratamento ou o mínimo necessário na média e alta complexidade. Isso é a verdade, e repito que de 25 a 30% dos pobres morrem quando vão para as instituições de saúde de urgência e emergência quando não teriam que morrer.

Tenho como missão lutar pela saúde do mais pobre, mas também ser capaz de denunciar o que sei, que pode destruir a vida de tantos.

Infelizmente ainda tem muito mais, as histórias sórdidas continuam. O que estamos vivendo no pós-pandemia, com o estado se beneficiando, nasceu no primeiro e no segundo escalão da secretaria da saúde, em que a burocracia enxerga brechas de como pôr mais dinheiro no cofre da política e nos deixam a impressão de que têm ódio dos hospitais públicos.

O mais irônico dessa história toda foi uma vez em que frei Francisco, gestor de vários hospitais com enormes serviços prestados à área da saúde e a quem admiro imensamente também como cristão, com toda a simplicidade que lhe é característica, disse-me: "Henrique, o que me impressiona é que, na pandemia, não houve um estado cuja UTI não custasse mais de dois mil e trezentos reais por leito, e todos os serviços foram reconhecidos."

Em alguns estados, chegaram a custar três, quatro mil reais, como é o caso de Rondônia e Sergipe. Todos estavam absolutamente conscientes desses custos, tanto da UTI, como dos leitos de enfermagem, e é um bom

"Os fatos relatados neste livro são a expressão da verdade, e tenho rezado para que Deus me dê a virtude da calma e da paciência pela fé, porque medo eu não tenho das consequências dessa denúncia."

exemplo para citar aqui. Unanimemente e sem discussão, o governo federal repassou mil e seiscentos reais, e cada estado completou o que, em média, custaria dois mil e trezentos, dois mil e quatrocentos reais por leito de UTI.

Todos praticaram o mesmo valor e tiveram conhecimento dos custos reais de uma UTI, mas, no pós-pandemia, o convênio que temos com o SUS voltou a nos pagar seiscentos reais por leito de UTI. Então, vamos analisar: se, na pandemia, todos os serviços custaram os mesmos dois mil e quatrocentos reais ou mais, como é que os estados e a própria União ignoram solenemente a realidade dessa tabela congelada, que está levando os hospitais à insolvência? Seria risível, se não fosse trágica, essa enorme hipocrisia. Sabe-se o quanto custa, sabe-se que é impossível tratar com seiscentos reais um paciente em UTI porque vai faltar remédio, vai faltar oxigênio, vai faltar intensivista, vai faltar tudo, absolutamente tudo e, mesmo assim, nada é feito.

Então, voltando à observação irônica do frei Francisco. Antes da covid, alguns ainda poderiam alegar desconhecimento: "Eu não tenho UTI, não sei quanto custa, não sei se está superfaturado". Mas não! O Brasil todo soube, sem exceção, quanto custa um leito de UTI, o que ficou muito evidente durante os dois anos de pandemia; no entanto, continuam a pagar os mesmos seiscentos reais da tabela. E continuo a afirmar que os pobres morrem sem ter que morrer porque um hospital que põe apenas o valor determinado pela tabela SUS, mais o pouco alocado para cada estado, não trata seus pacientes. Então, não existe hospital público que não faça campanha para angariar dinheiro externo e conseguir ficar de pé, até porque a opção seria usar remédios de quinta, médicos de terceira, que não têm especialidade e sem assistência vinte e quatro horas. Aí sim, nesses hospitais, infelizmente, há uma taxa de mortalidade acima da média; é matemática e todo mundo entende isso.

Nessa defasagem de custo entre seiscentos e dois mil e quatrocentos reais, ou se reduzem os recursos ao paciente ou a instituição vai se endividando nos bancos. Como há muitos honestos que praticam a boa medicina, ficam enormemente endividados. Uma grande parte dos filantrópicos tem a alternativa dos convênios, de um ou outro cliente particular, e isso ajuda a minimizar o prejuízo. Mas, mesmo assim, continua impossível fazer frente a tamanha defasagem; estamos falando de quatro vezes menos do que realmente custa.

HOSPITAIS FILANTRÓPICOS

Toda a medicina feita hoje que tratasse os pacientes do serviço público como deveria, estaria fadada à inadimplência. Volto, então, a afirmar para que não sobrem dúvidas: pobres morrem sem ter que morrer, pobre idoso, pobre em qualquer circunstância que necessitou de urgência e emergência ESTÁ MORTO, e vou escrever assim mesmo, em caixa alta para doer na consciência de quem se diz cristão e está à frente da gestão pública, ou que tem tio, pai, parente que seja político e não clama para corrigir essa vergonha. Além de vergonhoso, porque todos os envolvidos sabem claramente dos custos, ainda é desonesto perante Deus...

Muita gente poderia dizer: "Mas eu não tenho que ter consciência disso..." não, todos os que conhecem alguém ligado ao poder ou à política devem ter o mínimo de consciência para reivindicar e assim somar forças numa corrente que mova essa inércia criminosa.

Capítulo 14

Homens de fé e de amor

Voltando às minhas histórias, vou narrar um fato que entra de maneira muito forte nesse livro porque foi um dos mais estúpidos, mais desumanos, mais desonestos, e com tantas provas e evidências dos malfeitos, que até surpreende. Não é minha propriamente, mas a estou vivendo em paralelo.

Essa história me tocou porque sempre fui admirador, à distância, de uma pessoa que eu sabia ser um santo, mas também um guerreiro, desses como o bom samaritano. Sua atuação não era exatamente na medicina e na ciência, mas sim na área do assistencialismo. Ele trabalhava com a recuperação de drogados e de criminosos. Era o frei Hans, fundador das Fazendas da Esperança, espaço onde acolhem e tratam de quem necessita.

Eu conhecia muitas das suas histórias, sempre fui admirador do seu trabalho, e tinha uma enorme vontade de conhecê-lo.

Em Barretos não existe a Fazenda Esperança, mas frei Hans, na sua necessidade de arrumar apóstolos para servir à obra de Deus que ele realiza, conquistou duas importantes famílias da cidade. Uma família era a da irmã de Luiz Antonio Zardini, gerente de captação de recursos do Hospital, Maria do Carmo e seu marido, Luiz. A outra, é a filha do doutor Matinas Suzuki, Verinha Suzuki, e seu marido, Helinho. O casal, os filhos e quem mais da família quisesse, mudaram-se para uma das Fazendas da Esperança com a missão de recuperar irmãos drogados, ex-presidiários, ex-assassinos, todos que estivessem no fundo do poço ou na prisão.

Muitos, realmente recuperados, retornam à sociedade para suas vidas ou se dedicam à mesma causa tocados pela fé.

Houve um fato específico que preciso relatar aqui para dar sentido ao que estou contando: o que frei Hans significa para mim, uma das tantas pessoas santas que entraram na minha vida e na história do Hospital de Amor.

No fim de 2021, uma tia muito querida que também era como mãe para mim, completaria 100 anos e eu disse que lhe daria uma festa de presente de aniversário com toda a família reunida. Ela, então, surpreendeu-me com um pedido diferente: "Henrique, se você quer me dar um presente, não precisa ser uma festa. Eu gostaria muito de conhecer pessoalmente o frei Hans, que admiro demais! Faríamos só um bolinho entre os mais íntimos e você me traria como presente o frei Hans para me fazer uma visita."

"Tia, apesar de conhecer tanta gente da igreja, justamente o frei Hans eu não conheço. E também gostaria imensamente de conhecer esse homem, que para mim é um mito, mas, infelizmente, não poderei lhe dar esse presente porque não tenho acesso a ele."

Essa história é muito bonita porque minha tia colaborou por mais de trinta anos com as Fazendas da Esperança, anonimamente. Ninguém sabia!

No fim, fiz-lhe uma festa de aniversário com boa parte da família presente e com tudo o que ela queria porque era uma querida, que me repreendia, mas era doce, confiava muito em mim e me admirava.

Vejam, agora, como é o tempo de Deus. Em uma segunda-feira de manhã do mês de abril, tocou o telefone e simplesmente ouço um vozeirão falando um português com forte sotaque alemão: "Henrique, é frei Hans".

Levei um susto, porque fui pego de surpresa: "Mas frei, o senhor me ligando... que alegria ter a oportunidade de falar com o senhor!"

Até então, nem seu telefone eu tinha, o que me impedira de convidá-lo para visitar tia Bela.

"O que manda, frei Hans?... Eu só quero acrescentar que tenho uma vontade imensa de conhecê-lo."

"Estou ligando, Henrique, em função de um problema da sua área. Estamos, eu e um padre amigo, vivendo uns dias muito tristes com um problema sério demais, que demorou para chegar até mim. Esse padre, meu amigo, sugeriu que eu falasse com você." Ele disse: "O problema não é da área de saúde? Ligue para o Henrique Prata porque ele tem muita experiência, luta demais e enfrenta problemas parecidos com o nosso'. Então, estou ligando, seguindo o conselho desse amigo que me passou seu telefone. É uma história que está me fazendo mal e que não posso mais protelar para tomar qualquer providência. Acontece que o Hospital Frei Galvão, com 80 anos de história aqui da minha cidade, Guaratinguetá, está inteiramente endividado. Eu não conheço seus gestores, mas sei que a situação é desesperadora. Quero ajudar, porque lá fui operado de um câncer e tratado com muita competência. É uma história longa, mas vou lhe adiantar que as freiras responsáveis pelo hospital entregaram, em confiança, a administração a um gestor que, atrelado a um grupo de médicos, deixou mais de cento e trinta milhões de dívidas. Quando as coisas chegaram até mim, pois sou diretor espiritual das irmãs, a coisa já estava no cartório e na sua pior fase. O hospital vai parar e nós não sabemos como agir, daí a minha angústia... quando as irmãs me contaram, há uns três dias, soube que precisava fazer alguma coisa urgentemente. Preciso que você me dê uma luz, e venha aqui me ajudar".

"Frei, estou saindo agora para Brasília, onde tenho uma reunião daqui a algumas horas. Durmo por lá e sigo depois para outro compromisso, mas na semana que vem, consigo uma brecha para ir até Guaratinguetá para conversarmos."

"Mas que coincidência, Henrique, porque eu também estou indo a Brasília, devo chegar às dezenove horas e também vou dormir por lá."

"Então, vamos marcar um jantar em Brasília e o senhor me relata direitinho tudo o que está acontecendo. Como não costumo sair à noite, jantamos no próprio hotel se estiver bom para o senhor."

"Henrique, que coisa boa, olha só a providência, em vez de esperar uma semana com essa angústia pela possibilidade de paralisar o hospital, vou adiantar nosso encontro. Combinado!"

"Frei, vou ver se consigo levar ao jantar um senador amigo meu, muito bem articulado, e de um lugar ou de outro nós vamos conseguir arrumar algum dinheiro com urgência para o hospital não parar".

Foi dessa maneira e nessa aflição que vim a conhecê-lo. A providência fez que tivéssemos uma agenda comum, no mesmo dia e lugar, e fiquei feliz pela possibilidade de ajudá-lo e aliviar um pouco o peso que estava sobre ele, que não tinha conhecimento algum de gestão de saúde.

No jantar, convidaria o senador Davi Alcolumbre, que foi presidente do Senado, porque tínhamos um compromisso e seria mais fácil contar com o apoio de uma pessoa muito bem relacionada nas esferas de poder.

Então, confirmei com o senador e lhe expliquei: "Senador, o senhor encerra sua agenda a que horas? Tenho um amigo que admiro à distância e hoje vem jantar comigo. Nós tratamos dos nossos negócios e vamos ver como o senhor pode ajudá-lo em uma demanda muito importante e vital".

Frei Hans e Nelson, que também é um santo homem e ajudou a fundar as Fazendas da Esperança, chegaram mais cedo. Quando vi frei Hans, apesar de já ter uma noção de como ele era, aquele alemão alto e forte, de 70 e poucos anos e de sorriso aberto me impressionou muito pela presença magnética — o que me chamou a atenção inicialmente foi seu enorme carisma. Pensei: "Deus do céu, acho que muitos não percebem que esse homem tem uma aura extraordinária!..."

Começamos a conversar e nem percebemos que o tempo passava; estávamos ali há uma hora e o senador ainda não tinha chegado.

E a prosa foi tão boa que não parava. Eu contava uma história, ele contava outra, até que entramos no assunto do hospital, numa tristeza imensa, o que foi me motivando ainda mais a ajudá-lo para aliviar aquela angústia que a impotência muitas vezes nos provoca.

Só que, no caso, os lobos vinham diretamente da linha de frente. Era o próprio gestor. Sua administração, em conjunto com uma equipe de médicos, era mais baseada nos interesses pessoais do que no bem do pobre. Quando a administração do hospital voltou para as mãos das irmãs, não havia mais documentos de filantropia, e os encargos em geral, tanto dos funcionários quanto dos médicos não foram recolhidos. A dívida tributária girava em torno de setenta milhões e a dívida nos bancos chegava a mais de cinquenta milhões.

"Frei, eu vivo essa história nos bastidores, porque não consigo identificar tão rapidamente os que estão em ação na minha seara. Nesse caso, é um assalto às claras... as irmãs, ingenuamente, confiaram demais para dar uma procuração com amplos poderes a esse gestor."

"Henrique, é o Hospital Frei Galvão, em Guaratinguetá, com 80 anos. Eu mesmo tive um câncer de pulmão e me tratei lá. É um hospital importantíssimo com 200 leitos, que você precisa conhecer. Não tem cabimento aquilo fechar, não tem cabimento."

"Frei, o rombo é muito grande e não sei como será possível resolver tão rapidamente para não interromper o funcionamento. Talvez possamos arrumar um pouco de dinheiro agora com o senador e ele possivelmente vai articular com outros também; nós vamos tentar arrumar uma emenda parlamentar que não sai tão rápido, mas que pelo menos vai nos deixar ver a luz no fim do túnel."

O inconformismo do frei Hans era evidente. Tinha sido uma facada pelas costas porque ele mora naquela cidade, se tratou no hospital e o assunto demorou demais a chegar até ele. Ele tem uma agenda intensa, viaja demais, pois faz a gestão de muitas fazendas no Brasil e no exterior e, por isso, acho que o estavam poupando.

Interessante que, além dos problemas do hospital, mergulhamos profundamente na história da sua vida, da minha vida também, e foi uma oportunidade ímpar de nos conhecermos durante o atraso do senador. Quando percebemos, já era meia-noite, o assunto não se esgotava (e olhem que sou aquela pessoa que às vinte e duas horas já está exausta e vai dormir).

Quando deu meia-noite, o senador, que já conhecia o trabalho incrível do frei Hans nas suas fazendas, chegou se desculpando pelo atraso e o abraçou, reforçando as desculpas. Eu brinquei: "Senador, nunca vi marcar às vinte e trinta e chegar à meia noite e meia... Agora, o seu jeito de apagar esse pecado é articular com seus amigos para ajudar o frei Hans."

O problema do hospital foi explicado com detalhes para ele. O senador Alcolumbre também tinha uma vontade imensa de conhecer o frei Hans porque sabia que era um homem santo e o ouviu com toda a atenção.

No dia seguinte, quando nos encontramos no Senado, ele o abraçou, desculpando-se novamente, e estava muito emocionado, sentindo também o que eu senti. Ele me disse: "Henrique, esse homem não é um homem comum. Esse homem é um santo de Deus, a vida que ele leva, as coisas que ele faz e agora sofrendo com esse problema... Vamos articular e fazer o possível aqui."

Nós dois juntos buscamos instituições que pudessem ajudar a receber as emendas porque a própria instituição do hospital Frei Galvão não tinha CND, que era a licença para captar recursos, por estar com atrasos na receita e totalmente endividada; o jeito era direcionar o dinheiro captado para outras instituições que pudessem repassá-lo ao hospital.

Trabalhamos muito, conseguimos arrumar uma verba com a articulação de outros três senadores amigos, mas que seria liberada em três, quatro meses.

Então, antecipei o dinheiro que recebi das minhas próprias emendas para não interromper o funcionamento do hospital e juntamos forças para nos ajudar.

A consequência de tudo isso foi que também me aproximei muito do frei Hans. Rapidamente entendi porque as pessoas de Barretos e de tantos outros lugares — ele tem mais de mil e oitocentos vocacionados — deixavam a própria vida para viver em comunidades como no tempo de Cristo, quando viviam e trabalhavam juntos. Entendi como o carisma dele faz as pessoas se sentirem realizadas trabalhando ao seu lado. Você quer ficar perto, você quer ajudar, você quer fazer parte dessa família, o que senti quase de imediato. Acho que ele também sentiu o mesmo em relação a mim. Além de amigos, éramos uma família com o mesmo objetivo e, no momento, o objetivo comum era colocar o Hospital Frei Galvão de volta aos trilhos. Comecei a ajudar de todas as formas possíveis e até dinheiro meu emprestei para não interromper o funcionamento do hospital.

O esquema usado por eles era muito bem elaborado e a força do dinheiro corrompeu o gestor. Os médicos ganhavam salários absurdos e incompatíveis. Os médicos, o gestor, os personagens eram de dentro de casa, eram as pessoas de confiança das irmãs e gozaram por muitos anos dessa confiança.

Meu avô dizia, com muita simplicidade, o que se aplica nesse caso: "Quer ver o capeta? Olhe para o dinheiro que você o enxerga; ele destrói famílias, ignora o sangue, passa por cima dos valores morais."

Uma semana depois, fui até lá para fazer uma análise rápida do hospital e concluí: "Frei, a primeira coisa a ser feita é deixar a gestão municipal. O município mal toca uma Santa Casa, como vai tocar dois hospitais? Um deles com trezentos leitos deve ser regional, não municipal". E acrescentei: "Precisamos ir a São Paulo, urgentemente, falar com o governador e solicitar que nos ajude a estadualizar o hospital".

Ele confiou inteiramente em mim e, a partir daí, seguiu minhas diretrizes. Devo acrescentar, de modo a reforçar os obstáculos a serem enfrentados, que a secretária de saúde do município era totalmente contra o Hospital Frei Galvão, mas não cheguei a conhecê-la.

No tempo em que eu estava fazendo essa avaliação, também mandei auditar as contas do hospital para entender onde e quando essa roubalheira começou. O hospital, em si, era muito bem cuidado para 80 anos de idade porque houve um período de gestão muito eficiente.

"[...] Deus não gosta dos covardes. Minha mãe sempre afirmou que o mundo é de Deus e Ele o empresta aos que têm o coração valente."

Quando ficou evidente que o hospital teria que passar para o Estado, o frei foi totalmente assertivo, corajoso e reforçou minha certeza de que Deus não gosta dos covardes. Minha mãe sempre afirmou que o mundo é de Deus e Ele o empresta aos que têm o coração valente. Quando pedi para marcar uma reunião com o governador, ele mudou sua agenda lotada como a minha e fomos juntos. E na reunião no Palácio dos Bandeirantes, com o governador, seguiu muito à risca minhas orientações e achei-o muito parecido comigo. O governador reagiu como um ser político na conversa, mas frei Hans disse: "Governador, não há outra alternativa além da nossa solução; é isso, ou eu sou seu inimigo".

Eu até quis dar uma amenizada na conversa porque o clima ficou um pouco tenso. Mas o frei ratificou: "Não, Henrique, deixe do jeito que eu falei".

Admirei sua coragem, sua firmeza, ele foi muito objetivo, como também sou, e acho que o governador entendeu.

Quero fazer um parêntese aqui para dizer que sempre leio as cartas de São Paulo Apóstolo e, na mesma hora, vi as semelhanças entre eles, que eu já tinha percebido anteriormente: "Frei, o senhor é muito parecido com o apóstolo São Paulo, firme demais nas colocações".

Bem, a reunião foi muito boa, o governador despachou ao nosso favor porque nem teve tempo de pensar muito. Enfrentamos a burocracia, uma barreira tremenda na secretaria do município que tencionava obter algum lucro, mas o frei que, como vimos, é um homem de coração valente, enfrentou todo o necessário para fazer as coisas mudarem.

Quanto mais eu convivia com ele nessa história, mais ficava evidente porque as pessoas que se aproximavam dele nunca mais o deixavam. Elas encontravam um prazer, uma felicidade que o dinheiro não compra porque além da autoridade moral, ele tem um lado de amor que é impressionante. Frei Hans exala amor no trabalho e em qualquer ambiente, seu carisma é uma coisa absurda.

Fomos nos aproximando e descobri que ele também escreveu um livro. São histórias lindas que acontecem na vida pela providência de Deus. Viajei para a fazenda lendo e não dei conta nem de trabalhar antes de acabar o livro. À tardezinha, fui à missa, em uma cidade bem pequena de mais ou menos uns duzentos habitantes — Cuiabá Paulista — onde me encontrei com o padre, meu amigo, e comentei com ele: "Estou impactado, acabei de ler o livro do frei Hans e não imaginava, por mais que sentisse que ele era um homem santo de Deus, que o conteúdo fosse tão extraordinário! Que lição de amor a Deus!"

Ele, então, disse-me que também queria muito ler e me pediu que lhe arrumasse um exemplar.

Voltei a Barretos e, assim que cheguei, recebi uma ligação do frei Hans. Desde então, temos nos falado praticamente toda semana.

"Henrique, você não vai acreditar. Hoje acabei de ler seu livro, que consegui com uma pessoa daqui e falamos muito da sua história. Acabei de ler a toque de caixa e fiquei impressionado. Tanto que vou comprar mil exemplares para distribuir aos padres, aos amigos."

"Frei Hans, o senhor não precisa comprar, pelo amor de Deus! Mas, antes que termine de falar, quero lhe explicar um negócio. Ontem, liguei da fazenda para a minha secretária e lhe pedi para comprar mil dos seus livros. Eu não conseguia parar de ler e acabei na fazenda mesmo."

Interessante que tivemos uma troca virtual de ideias, um sem saber que o outro tivera a mesma intenção. E aí acrescentei: "Frei, vou mandar para todos os padres que conheço e para quem tem responsabilidade de liderança, que precisa enxergar a missão como um todo maior."

Foi inacreditável aquela sincronia! No mesmo dia em que ele acabava de ler meu livro, sem que soubéssemos, eu terminara de ler o dele. Acabamos praticamente juntos, eu no sábado, ele no domingo; pensei em comprar mil livros dele e ele pensou em comprar mil dos meus, e nos divertimos com a coincidência... ou providência? Depois desses mil, já comprei mais quinhentos, porque não é só um livro, é uma lição de vida.

E aí nasceu uma amizade extraordinária, que enriqueceu minha vida e foi, com certeza, um presente de Deus, como outros tantos que já recebi.

Um desses presentes foi quando eu era jovem. Foi um padre que está sendo beatificado, o padre Nazareno, que morreu assassinado em Jauru, no Mato Grosso. Um homem santo de Deus, uma história linda!

Depois, houve dom Antônio Mucciolo, bispo e meu diretor espiritual, sem dúvida, um profeta. Ele foi o primeiro a descobrir que o antigo hospital de Barretos estava liquidado, antes mesmo do meu pai e dos médicos, e me pôs neste caminho.

Em seguida, veio a história do santo padre André, que trabalhou intensamente dos 80 aos 91 anos, dedicando-se aos mais pobres e me ensinando que o cuidar da alma e cuidar do próximo era o que fazia a vida realmente valer a pena.

Junto com o padre André, tive o Frei Francisco, outro santo de Deus ainda vivo, que tem três navios na Amazônia, com dezessete mil colaboradores, cinquenta hospitais e é meu ídolo na área de saúde. Ele foi uma dádiva de Deus pra mim, e o ex-secretário de saúde de São Paulo, doutor Barradas, dizia que éramos muito parecidos no sentido de pensar o cuidado da saúde dos pobres, o que me enche de orgulho. Frei Francisco é uma pessoa importantíssima em todos os sentidos porque tem a gestão de tudo o que eu tenho e é um homem que tem envergadura moral e uma capacidade de amor incrível. Um santo de carne e osso como frei Hans, que chegou mais recentemente em minha vida.

Estou relembrando os fatos da minha vida para este terceiro livro, perfazendo o Caminho de Santiago pela segunda vez e acabando de caminhar por centenas de quilômetros em agradecimento. Isso ainda é muito pouco perto do que Deus tem me proporcionado: enxergar a presença Dele vivo a cada dia, por meio desses homens admiráveis.

Todos os momentos em que a minha vida foi abençoada pelo convívio com homens de carne e osso, cujo coração era puro amor, capacidade de doação, além de incrível capacidade de realização, impressionavam-me e me enchiam de gratidão.

Padre Nazareno, o primeiro deles, administrava um hospital, um asilo de idosos, uma creche, uma escola com mil e quinhentos alunos, metade dos quais nem sapato tinha, dezoito comunidades que visitava sozinho toda semana, evangelizava uma zona rural imensa, debaixo de chuva, sem estrada e ainda tinha um centro de formação e um seminário.

Nunca imaginei que fosse conhecer um homem que tinha sob sua responsabilidade todas as obras sociais de uma cidade. Em lugar nenhum do estado de São Paulo conheci um asilo de idosos igual. Era um santo de carne e osso com muitas obras de amor.

Depois, conheci dom Antônio Mucciolo, o primeiro que me alertara sobre a situação de inadimplência do antigo hospital do meu pai em Barretos. Ele criou a Rede Vida e formou centenas de padres. Um visionário de inteligência totalmente fora da curva, que havia sido bispo em Barretos e depois arcebispo, quando articulou uma política nacional importantíssima para a Igreja Católica.

O padre André, outra pessoa incrível, cuidava da comunidade do Rosário, que abrangia quase a metade da cidade. Visitava de oito a dez casas diariamente,

"A única coisa que esses homens nunca tiveram foi dinheiro para fazer o que fazem. Tiveram, sim, coragem e humildade para pedir, buscar, articular e realizar suas obras. Nenhum obstáculo foi grande demais para seu amor e sua determinação."

ia ao presídio todos os dias e também visitava os doentes nos hospitais. Uma capacidade de se doar por amor, em uma dimensão que não era humana.

Aí vem o frei Francisco, um gigante na área de saúde, que cuida de inúmeros hospitais, acolhe todos os tipos de doentes, além de tratar da recuperação de drogados como faz o frei Hans.

São homens de muitas obras. São Tiago dizia: "mostre-me suas obras que lhe direi o tamanho da sua fé", e eles, com quem convivi proximamente, ajudaram-me a entender que é a força do amor ao próximo que os move, impulsionando-os a realizar tanto.

As realizações do frei Hans são também imensas; ele acolhe no Brasil todo, por meio de uma centena de fazendas, os dependentes químicos. Na pandemia, acolheu todos os tipos de criminosos, atuando para recuperá-los e devolvê-los à sociedade como pessoas "normais". Só os santos conseguem isso; não há outra explicação para essa abundância de amor que supera qualquer obstáculo. Essa proximidade com frei Hans, por exemplo, funciona como se eu tomasse adrenalina na veia, tamanha a motivação que ele me provoca.

A única coisa que esses homens nunca tiveram foi dinheiro para fazer o que fazem. Tiveram, sim, coragem e humildade para pedir, buscar, articular e realizar suas obras. Nenhum obstáculo foi grande demais para seu amor e sua determinação.

Como frei Hans ainda não conhecia o Hospital de Amor de Barretos, achei que tivesse chegado a hora de convidá-lo para uma visita; ele, que estava ansioso para vir, aceitou de pronto e marcamos o dia.

Frei Hans e Henrique Prata.

Um de seus "filhos" que, por um tempo, fez uso de drogas e havia se recuperado, depois de dois anos de tratamento na Fazenda da Esperança, é hoje um empresário de sucesso, tem um jato e trouxe frei Hans a Barretos. A pauta da visita era passar o dia no hospital, onde ele também faria uma palestra motivacional para médicos e lideranças.

Pensei, já que ele chegou um pouco mais cedo, que poderíamos visitar minha tia, aquela que o ajudava anonimamente há anos, que desejava conhecê-lo como presente de aniversário e que estava acamada há dias. Pedi que ele levasse uma benção a ela, expliquei a situação toda, que ela, com 100 anos, estava muito bem, tomando conta dos seus negócios, lúcida e ativa até ficar totalmente fragilizada depois de ter Covid. Prontamente, frei Hans aceitou e nos dirigimos à casa dela.

Interessante, e faço aqui um aparte, é que minha vida é cheia de coincidências tão significativas que só posso atribuí-las à providência divina. Quando estava no aeroporto esperando a chegada de frei Hans, aproveitei para ouvir o programa do padre Alex Nogueira, "Boa Noite, Jesus", que não tinha conseguido ouvir na noite anterior. Normalmente ele versa sobre as cartas de São Paulo e, dessa vez, coincidentemente, a carta escolhida foi a de um episódio muito semelhante ao que frei Hans vivencia diariamente. A mim, que sempre notei a semelhança entre os dois, emocionou profundamente. Essas semelhanças entrelaçadas não me passaram despercebidas; eram como um atestado da presença de Deus regendo as coisas. Deixo, então, ao final deste capítulo, a Carta de São Paulo, que eu ouvia enquanto esperava o frei, para que vocês, leitores, possam compreender o que estou dizendo.

O fato é que, ao chegamos à casa da tia Bela, a enfermeira Renata da Silva Pereira, que nos recebeu, já foi me avisando: "É uma pena, seu Henrique, ela deu uma piorada e não sai da cama. Está mais calada e só dorme".

Tentei acordá-la, dizendo: "Tia, olhe quem está aqui. O frei Hans, que a senhora tanto queria conhecer como presente de aniversário. Ele veio vê-la e lhe trazer uma bênção especial".

Ela olhou para ele meio sem entender, e eu reforcei: "Olhe, é o frei Hans. Contei a ele que a senhora sempre o ajudou e que, em vez de festa, nos 100 anos, a senhora só queria que ele viesse rezar a missa do seu aniversário".

Então, ele mesmo se dirigiu a ela como um irmão: "Bela, que bom ter podido contar com sua ajuda por tanto tempo; o Henrique me contou que você é como uma segunda mãe para ele e que tocou sua vida plenamente até os 100 anos. Que presente Deus lhe deu! Agora, Bela, olhe bem... não é justo uma pessoa de 100 anos ficar imobilizada num leito. Então, peça a Deus que, se possível, a leve ainda hoje para a Sua glória e não permita que você fique na cama sofrendo".

Apesar de a abordagem dele ter sido completamente diferente do que eu imaginava, ela compreendeu, sorriu, e aceitou serenamente.

"Nossa, se eu contar, ninguém vai acreditar! Ele a fez entender que o melhor seria pedir a Deus que a levasse quando a outra opção seria ficar mofando naquela cama".

Ele, então, abençoou-a, rezamos juntos e aí fui eu que falei: "Minha tia, a senhora pode ter certeza de que vou conservar pela vida inteira, eu e meus filhos, a amizade e a ajuda ao frei que a senhora tanto admirou!"

Seguimos, então, para a visita ao hospital. Andamos muito para conhecer seus cento e vinte mil metros quadrados, mas foi uma alegria imensa, uma festa para todos aquela visita.

Frei Hans e Henrique Prata visitam o Hospital de Amor de Barretos.

Depois do almoço, ele fez a palestra agendada sobre o valor e o significado da obra do hospital, agradeceu o amor dos nossos médicos, da nossa equipe, e soube tocar com palavras o coração de todos. Fiquei, porém, chateado, porque deixei-o uma hora e meia em pé, quando ele poderia ter feito a palestra sentado.

"São Tiago dizia: "mostre-me suas obras que lhe direi o tamanho da sua fé", e eles, com quem convivi proximamente, ajudaram-me a entender que é a força do amor ao próximo que os move, impulsionando-os a realizar tanto."

A última etapa da visita foi a missa que ele rezaria às dezenove horas, na Igreja do Rosário, que estava completamente lotada com mais de quinhentas pessoas.

Ele começou pedindo pela minha tia: "Olhem, essa missa hoje é muito especial porque vamos pedir a Deus que, na sua infinita misericórdia, não permita que dona Bela, tia do Henrique, com seus cem anos bem vividos, fique na cama sofrendo. A intenção dessa missa é que Deus, se possível, possa levá-la ainda hoje.f

Missa rezada por Frei Hans na Igreja do Rosário em Barretos.

Que testemunho de fé inabalável em Deus e na vida eterna! As pessoas ouviram, alguns entenderam, outros não, mas foi uma missa muito solene, plena de espiritualidade... Duas horas depois, minha querida tia estava morta.

Confesso que não esperava que tia Bela fosse sair daquela situação facilmente, mas também não imaginei que ela morresse naquele mesmo dia. Ela acabou sendo abençoada com uma longa vida e com uma morte serena, sem sofrimento e cercada de orações.

No dia seguinte, Frei Hans partiu. O avião o esperava, ele seguiu sua missão e na mesma semana já foi para a África. Nós brincávamos: "Nossa, precisamos continuar a ser seus amigos porque a intimidade dele com Deus é incrível!". Todos haviam percebido que estávamos diante de um santo, de um homem em plena comunhão com Deus, uma força absoluta de misericórdia e de compaixão. Uma fé acima da vida e da morte.

Como tantos outros santos homens que conheci, ele se referiu à morte como um prêmio da vida, talvez o melhor prêmio, principalmente quando o corpo já está cansado e enfraquecido.

Eu me aproximei dele por esse testemunho de fé e por partilharmos da mesma indignação frente à desonesta exploração de um hospital quase levado à falência pela ganância de muitos, que usavam a estampa de cordeiro, mas na verdade eram lobos.

Vi mais uma vez essa história se repetir em 2022, o que reforça o conceito do livro de propor uma denúncia séria sobre a manipulação da saúde pública, que tanto prejudica quem precisa dela. E é como cristão que devo fazê-la para ter minha consciência no lugar. Geralmente, as pessoas se acovardam frente a quem têm dinheiro e poder, como se fossem superiores, e são tão valentes frente aos mais fracos e mais pobres quando se esquecem de que somos todos iguais.

No mercado privado, isso até pode ser tolerável porque o dinheiro é isso, uma arma que embebeda e vira uma religião. Mas, na saúde, usar da prerrogativa de fazer dinheiro com o sofrimento das pessoas, revolta-me demais; infelizmente, isso acontece em todos os níveis, desde o primeiro até o último escalão.

Existe uma cegueira em relação à dor e ao sofrimento dos pacientes, principalmente quando ficam mais velhos, frágeis ou totalmente dependentes do serviço público. Essa é a minha constatação e colocando isso no livro, sinto-me um pouco mais aliviado. É como somar esforços à história do meu pai, que acabou frutificando numa legião de seguidores, de pessoas que enxergam que um leigo pode salvar vidas. Quem sabe esse livro possa trazer para muitos cristãos a consciência da necessidade de lutar pelos mais fracos e pobres.

Nunca me esqueço do que meu pai disse um dia: "Olhe, meu filho, de uma coisa você pode ter certeza, rezei muito e pedi a Deus que nenhum filho meu fosse médico porque eu não queria que usassem a medicina para a tentação do dinheiro. O dinheiro, na concepção do mercado, do trabalho, é um jogo bruto, que embebeda quando você tem a capacidade de articulação e a inteligência para ganhar e multiplicar, mas, na saúde, a busca por dinheiro tem consequências gravíssimas".

Naquela época, essa fala dele sempre me intrigou, parece que ele se esqueceu de que ambos — minha mãe e ele — eram médicos.

Agora, vivendo no meio dos médicos de colarinho branco, que são lobos vestidos de cordeiro, eu o compreendo e também pediria a Deus que meu filho não fosse médico. Existem aqueles que mandam o paciente tomar um remédio de determinado laboratório, mesmo que não seja o mais indicado porque, provavelmente, está ganhando comissão. Existem médicos que operam pacientes sem necessidade porque têm um bom plano de saúde, e há aqueles que, quando são necessários dois exames, pedem vários porque o plano paga bem. Os médicos do serviço privado, do dinheiro, vendem a alma ao diabo, a maioria deles para cumprir metas e manter o emprego.

A medicina deveria ser um sacerdócio, mas, hoje, a medicina do dinheiro é um mercado. É a isso que meu pai se referia quando pedia a Deus que seus filhos não precisassem ganhar a vida como médicos. Ele conhecia muitos pacientes que foram enganados e explorados por profissionais sem ética e eu, infelizmente, vim a compreendê-lo na vivência desses trinta e três anos.

A medicina sem vocação ou idealismo é um monstro porque joga com a vida e a morte para aumentar os ganhos.

Mas devo ser justo e relatar que conheço muito bem, dentro da medicina privada e nos melhores hospitais, profissionais que praticam a medicina como missão, só fazem o que é certo, são absolutamente honestos ao expor a situação dos pacientes, até mesmo quando é preciso desligar aparelhos que mantêm a vida artificialmente e sem esperança.

Por isso, nunca tive medo de abrir filiais fora de Barretos porque posso contar com inúmeros médicos com a alma e a honestidade de Paulo Prata, que enxergava o paciente em primeiro lugar.

Na filial de Jales, encontrei inúmeros profissionais idênticos ao meu pai, em Porto Velho, idem. Na verdade, existem duas classes de médicos na sociedade. Os médicos do dinheiro e os médicos idealistas, humanistas e vocacionados.

E como eu havia prometido, reproduzo a Carta de São Paulo que eu ouvia enquanto esperava o frei Hans.

Filemom 1:7-20 — A Intercessão de Paulo em favor de Onésimo

[8]Por isso, mesmo tendo em Cristo plena liberdade para mandar que você cumpra o seu dever,

[9]prefiro fazer um apelo com base no amor. Eu, Paulo, já velho, e agora também prisioneiro de Cristo Jesus,

[10]apelo em favor de meu filho Onésimo, que gerei enquanto estava preso.

[11]Ele antes lhe era inútil, mas agora é útil, tanto para você quanto para mim.

[12]Mando-o de volta a você, como se fosse o meu próprio coração.

[13]Gostaria de mantê-lo comigo para que me ajudasse em seu lugar enquanto estou preso por causa do evangelho.

[14]Mas não quis fazer nada sem a sua permissão, para que qualquer favor que você fizer seja espontâneo, e não forçado.

[15]Talvez ele tenha sido separado de você por algum tempo, para que você o tivesse de volta para sempre,

[16]não mais como escravo, mas, acima de escravo, como irmão amado. Para mim ele é um irmão muito amado, e ainda mais para você, tanto como pessoa quanto como cristão.

[17]Assim, se você me considera companheiro na fé, receba-o como se estivesse recebendo a mim.

[18]Se ele o prejudicou em algo ou lhe deve alguma coisa, ponha na minha conta.

[19]Eu, Paulo, escrevo de próprio punho: eu pagarei — para não dizer que você me deve a própria vida.

[20]Sim, irmão, eu gostaria de receber de você algum benefício por estarmos no Senhor. Reanime o meu coração em Cristo!

Eu não poderia deixar de enaltecer um médico competentíssimo da medicina privada, o melhor urologista do país, doutor Miguel Srougi, que foi médico do meu pai e, por muitos anos, meu também. Talvez ele seja o melhor exemplo de médico do serviço privado com os mesmos valores da medicina do Paulo Prata. Um profissional brilhante cuja conduta extremamente honesta e humana é difícil de encontrar..

Se hoje eu tivesse que escolher, na minha equipe de mais de quinhentos oncologistas, eu não escolheria um substituto para o meu pai que não fosse o próprio Miguel Srougi, que exerce a medicina com competência e humanidade. É honesto com os ricos e não cobra dos pobres.

Eu presto essa homenagem a ele neste livro e, em seu nome, homenageio os demais profissionais com o mesmo perfil, que fazem da medicina uma missão e não se perdem na caminhada.

Também não poderia deixar de agradecer ao meu irmão de fé, doutor Ricardo dos Reis, que me ajudou a fazer os 713 km do Caminho de Santiago, saindo de Pamplona até Santiago. Sempre fiz o caminho sozinho, mas Deus é tão bom que mandou um filho predileto dele me ajudar. Um médico com a alma e o coração do Paulo Prata.

Deixo, nesta obra escrita, toda a minha verdade, o meu amor a Deus, dando, assim, um testemunho aos meus filhos para que, um dia, continuem esta obra e gozem o privilégio de viver uma profunda intimidade com Deus.

Tudo o que escrevi é o que vivo e o que viveram meus antepassados, uma história de mais de 200 anos. Sendo assim, somos uma família abençoada pela misericórdia de Deus.

Ricardo dos Reis e Henrique Prata a caminho de Santiago de Compostela.

"Deixo, nesta obra escrita, toda a minha verdade, o meu amor a Deus, dando, assim, um testemunho aos meus filhos para que, um dia, continuem esta obra e gozem o privilégio de viver uma profunda intimidade com Deus."

Conclusão

Avontade de contar minha vivência e minhas experiências na área da saúde, além do objetivo de denunciar, é também reforçar que nunca tive formação profissional para atuar na área. Sou um leigo, como já relatei, e a única coisa que sempre quis na vida, foi a proximidade com Deus todos os dias, e não só aos domingos, na hora da missa, quando fosse à Sua casa receber Seu corpo e Seu sangue.

A parábola do bom samaritano sempre me tocou fortemente e evidencia que estar com Deus é enxergar de frente o próximo que necessita de comida, que necessita de um cobertor, que necessita de um tempo para ser ouvido, que precisa de uma orientação. Estar com Deus é ter sempre um olhar de misericórdia e de amor pelo seu próximo, por aqueles que sofrem tantas injustiças e pelos que sobrevivem, apesar dos obstáculos e das inúmeras necessidades.

> **Lucas 10:25-37- A Parábola do Bom Samaritano**
>
> [25] Certa ocasião, um perito na lei levantou-se para pôr Jesus à prova e lhe perguntou: "Mestre, o que preciso fazer para herdar a vida eterna?"
>
> [26] "O que está escrito na Lei?", respondeu Jesus. "Como você a lê?"

²⁷ Ele respondeu: "'Ame o Senhor, o seu Deus, de todo o seu coração, de toda a sua alma, de todas as suas forças e de todo o seu entendimento' e 'Ame o seu próximo como a si mesmo'".

²⁸ Disse Jesus: "Você respondeu corretamente. Faça isso, e viverá".

²⁹ Mas ele, querendo justificar-se, perguntou a Jesus: "E quem é o meu próximo?"

³⁰ Em resposta, disse Jesus: "Um homem descia de Jerusalém para Jericó, quando caiu nas mãos de assaltantes. Estes lhe tiraram as roupas, espancaram-no e se foram, deixando-o quase morto.

³¹ Aconteceu estar descendo pela mesma estrada um sacerdote. Quando viu o homem, passou pelo outro lado.

³² E assim também um levita; quando chegou ao lugar e o viu, passou pelo outro lado.

³³ Mas um samaritano, estando de viagem, chegou onde se encontrava o homem e, quando o viu, teve piedade dele.

³⁴ Aproximou-se, enfaixou-lhe as feridas, derramando nelas vinho e óleo. Depois colocou-o sobre o seu próprio animal, levou-o para uma hospedaria e cuidou dele.

³⁵ No dia seguinte, deu dois denáriosao hospedeiro e lhe disse: 'Cuide dele. Quando eu voltar lhe pagarei todas as despesas que você tiver'.

³⁶ "Qual destes três você acha que foi o próximo do homem que caiu nas mãos dos assaltantes?"

³⁷ "Aquele que teve misericórdia dele", respondeu o perito na lei.

Jesus lhe disse: "Vá e faça o mesmo".

"A parábola do bom samaritano sempre me tocou fortemente e evidencia que estar com Deus é enxergar de frente o próximo que necessita de comida, que necessita de um cobertor, que necessita de um tempo para ser ouvido, que precisa de uma orientação."

Essa parábola do bom samaritano pode servir de guia a todos nós, sabendo que estar com Deus é não se esquecer que a cada dia alguém precisa do seu olhar de amor e compaixão. E esse olhar encontra um campo imenso na área da medicina pública, que testemunha tanto desamparo e descaso.

Posso relatar friamente neste livro o que testemunho todos os dias — profissionais que exploram os doentes com dor, que lhes negam o atendimento e se esquecem de ver no sofrimento do homem a própria figura de Jesus: "Tive fome e não me deste o que comer...".

Por ser leigo e não partilhar corporativismo nenhum com a classe médica, tenho o direito de expor tudo isso depois de todos esses anos na função.

Eu não poderia encerrar este livro sem explicar de forma mais clara como Deus permitiu que a minha família tivesse essa missão na área de saúde — de cuidar do seu próximo com amor na hora da doença. Minha mãe escreveu uma carta profética quando nasci e me entregou quando fiz 18 anos. Naquela época não vi sentido algum naquilo, a não ser um testemunho de amor de mãe. Mãe que tinha cinco filhos, mas só sentiu o que ela descreve na carta por um único dos cinco.

Ela profetizou que eu havia nascido com esse coração valente para servir a Deus nessa seara; eu, que por tantos anos, só vivi minha vida na atividade rural. E apesar dos meus próprios entraves para descobrir minha vocação, ela veio ao meu encontro com uma força avassaladora.

A carta da minha mãe é muito forte e vou mostrá-la aqui, apesar de já tê-la publicado no meu segundo livro, *A Providência*.

CONCLUSÃO

1

18 Dezembro 1970

Henrique,
meu querido e muito amado filho,
Tenha sempre em mente que: "O mundo é de Deus e Ele o empresta aos Valentes".

Voltando os olhos para o passado eu vejo Jesus, na Sua infinita bondade, naquele dezembro de 52 a antécipar-nos o nosso presente de Natal: naquela madrugada do dia 18 você, querido, aquele bêbê rochonchudo e lindo (como só os anjos o podem ser) nos foi dado e entregue como prêmio e recompensa do amor — daquele muito amor (que "Ele" tanto pede aos homens) que sempre seu pai e eu nos devotamos, mutuamente.

E hoje, meu filho, que Ele é teste-munha desta minha grande luta interior, entre as quedas e o levantar nesta ânsia imensa de me curar dia a dia mais, desta cegueira espiritual que tanto me apequenha aos olhos D'Ele e dos homens — Seus filhos — posso claramente ver nesta minha

2

maior aproximação com Êle. Algo
de maravilhoso. Aos nossos sorrisos
cheios de felicidade ao contemplar
o nosso Bebezinho, "Alguém" mais
sorria também conosco e pairava
na sôbre você, o SEU olhar...
E assim, meu filho, com todas as
características de presente de um
Deus, você, de um lado, crescendo
faria também que o nosso coração
de pais em alegria e são orgulho
crescesse em gratidão a Deus pelo
que você vem sendo como filho e
como homem. Mas, de outro
lado, eu o sinto, eu o sei, ~~que~~
naquele momento que Êle sorriu e
o olhou, Êle o escolheu para
um dos d'Êle: "Não fostes
vós que me elegestes, mas fui
eu quem vos escolhi e consti-
tui para que fosseis e pro-
duzísseis frutos..." (palavras de
Jesus segundo S. João 15, 15ss).
Aí eu encontro a razão, meu
filho, porque você sem se aperceber
da "Grande Verdade" e da sua
Missão esperava com impaciência

CONCLUSÃO

3

...inseita, os seus 18 anos — Seria a concretização dos sonhos (no plano humano) de um jovem cheio de ideal. Mas na verdade, todo este seu desejo ardente, nada mais era que a Inquietude Interior, aquela palpitação, aquela ânsia de germinação daquela semente Divina que foi colocada no seu coração ao nascer — ao ser um dos seus escolhidos — E certamente, Ele o determinou que isto só deveria iniciar quando a sua maioridade chegasse... E foi por isso, meu bem, que Você pediu (porque, Ele assim o quis) para fazer o seu T.L.C. — O seu 1º e verdadeiro encontro com Ele" —

Você, é o filho Valente de Deus, a quem Ele quer emprestar o seu mundo — para que, você o conquiste para Ele com Amor, pelo amor e no Amor "com todas as suas exigências"....

4

No dia de hoje, estou com Cristo e Voce muito unidos no meu coração, numa prece ardente de um coração de mãe; pedindo que dia a dia, momento a momento de sua Vida, Henrique, você o veja 1) dentro de Você (naquilo que, tudo êle lhe deu e lhe dotou)e 2.) fora de Você; nas flores, nos animais, nos pássaros, nos homens, enfim em to'da a Sua Criação.

Porque, Henrique Ver e conhecer é conhecér é Amar, pois "só se ama aquilo que se conhece e não se esquece daquilo que se Ama"

É preciso Conhecê-lO para Amá-LO meu bem. Faça isto por toda a Sua Vida.

Beijos, muitos beijos da mamãe por hoje, (pelo seu aniversário), por ontem pelo o que você tem sido para nós como filho por o amanhã pelo o que Você será como um dos "Filhos Eleitos de Cristo"

CONCLUSÃO

Sou, enfim, como qualquer outro ser humano, tenho meus acertos e meus erros. Obviamente que, todos os dias, procuro me conhecer e ser melhor; todos os dias, tento errar menos, e me conforta saber que os maiores santos cometem, no mínimo, sete pecados diariamente, e eu, como um homem comum, só posso me afirmar temente a Deus e muito agradecido a Ele pela chance de provar da sua proximidade.

Por isso, tirei esse tempo de trinta dias pela segunda vez, no Caminho de Santiago, para buscar no mais profundo do meu coração a força para escrever essas verdades e dar meu testemunho, que se resume à questão de que não existe o José, a Maria, o Pedro, o Paulo, existem para a medicina pública apenas números. Entra governo, sai governo e se perde cada vez mais a noção da nossa humanidade.

Tenho muito orgulho de ter escrito esse livro, porque estou convicto de que é possível mudar essa realidade. Escrevi-o com muita dor no corpo e muita dor nos pés pela caminhada cheia de esperança. Espero que ele toque o coração de muitos e que, juntos, possamos caminhar por uma estrada mais humana e menos egoísta.

Este livro foi impresso pela Rettec em
papel offset 90g em agosto de 2023.